近世九州の差別と周縁民衆

松下志朗

海鳥社

近世九州の差別と周縁民衆◉目次

第二編　被差別部落の展開

第三編　被差別部落と周縁民衆の生活

総　説　九州被差別部落の地域的様相

一　地域的に見た被差別部落

九州の被差別部落を中国や関西・関東・東北などと比較して、共通点と相違点を明らかにすることは、そう簡単ではない。なにしろ九州の被差別部落史自体が分かりにくい。例えば、戦前の統計資料として大正一〇（一九二一）年の内務省調査による「全国部落統計表」と、昭和一〇（一九三五）年の中央融和事業協会編「全国部落調査」がある。それらを検討してみると、九州における被差別部落地区数・戸数・人口数は表0－1の通りである。

中尾健次が検討したところによると（総理府「全国同和地区調査結果表」、『同和対策の現況』一九七七年版）、戦後昭和五〇（一九七五）年現在で、九州の被差別部落地区数は福岡・熊本・大分・鹿児島・佐賀・長崎の順番となる（宮崎は不明）。表0－1の順番とは若干異な

表０－１　九州の被差別部落関係地区数と人口

年	1935（昭和10）年			1921（大正10）年		
県名	地区数	戸数	人口	地区数	戸数	人口
福岡	475	15,774	71,913	493	12,914	69,345
大分	71	1,770	9,559	76	1,402	7,099
長崎	62	648	3,189	23	505	2,519
鹿児島	54	1,908	9,934	47	1,680	8,001
熊本	45	2,690	14,612	57	2,524	13,240
佐賀	20	454	2,366	22	418	2,508
宮崎	9	211	1,055	23	485	2,590
計	736	23,455	112,628	741	19,928	105,302

資料：「全国部落統計表」（内務省調査，大正10年），「全国部落調査」（中央融和事業協会編，昭和10年）

るが、それは行政区画の合併などによって変更されたためであろう（例えば宮崎県の地区数は、明治四〇〔一九〇七〕年現在で五五カ所を数える）。昭和一〇（一九三五）年の分は調査項目や採録基準・表記方法の不統一が目立つが、しかし被差別部落の地域的分布を比較検討して、その大まかな傾向を探ることは許されよう。

まず注意を引くのは、福岡県被差別部落数の卓越した多さである。昭和五〇年の総理府「全国同和地区調査結果表」では、福岡県の地区数は九州全体の八〇％に及ぶというが、表０－１でも六四・五－六六・五％である。戸数・人口数とも六〇％台で、他県を圧倒している。

そこで、次に九州における被差別部落の位置を地区ごとに地図の上でマッピングしてみると（技術的に困難なのでここでは表示しない）、九州北部と南部とでは、明らかな相違が現れる。その特徴を挙げる。

（一）福岡県と鹿児島県は、内陸部まで県域全体に被差別部落が分布しているが、その意味するところは相当に異なると考えられる。一つは福岡県の場合、福岡市・旧小倉市の都市部に地区数が多いことである。それと今一つは、筑豊の石炭鉱業地域に濃密である。後者については、近世後期より被差別部落が広く現れるが、それは端緒的に形成されはじめた石炭採掘によるものではなくて、「旅日雇《たびひやとい》」などに象徴されるような農村の労働力不足が原因となっていると考えられる。

前者の都市部の問題は近世初頭からのことであろう。それは藩政時代の被差別部落の生業が皮革生産・流通に関わり、営まれていたことを示唆する。そして内陸部に被差別部落が広く分布しているのは、革細工用の原皮を集荷するための藩の政策を象徴するものであろう。福岡県における部落の地理的な分布の特徴は、そのような皮革生産のネット・ワークの時代的な痕跡を示している。

これに対して鹿児島県の分布状況は、社寺周辺や山間部まで含めて広い地域にわたっているが、それは慶賀―死苦―非人という重層的身分構造から来るものであって、被差別部落民の「長吏的《ちょうり》」性格（非人管理や行刑などの役目を負う）に由来するものと考えられる。

（二）福岡県と鹿児島県における被差別部落との性格の違いの間に、佐賀・長崎・大分県などの被差別部落が位置するが、佐賀県の場合がどちらかというと長吏的性格を濃厚に滲ませているのに対して、大分・長崎県の場合は沿岸部にあり、流通面での役割が大きかったと推測される。

（三）　熊本県の場合、その数が少なくて一般化することはためらわれるが、あえて言えば都市近郊と沿岸部（河川を含む）に位置するという特色を挙げられよう。近世期には、船を数艘も所有していた松橋《まつばせ》皮多のように、皮革生産と流通に関係していたのではなかろうか。また注目すべきことは、天草の被差別部落は一カ所のみ記されているが、それは幕末か明治期以降に置かれたものであって、江戸時代には被差別部落が全く存在しないことである。県内においても被差別部落の分布に濃淡の違いがあった。

（四）　宮崎県の場合、被差別部落は港や河川、陸上交通の要衝にあって、幕末になるにしたがって移動が激しくなる下層民衆の動向をチェックする目的があったのかと推測される。明治四〇（一九〇七）年現在、被差別部落の分布を見ると、旧鹿児島藩領域を除いて、他はやはり沿岸部か陸上交通の要衝の地（例えば延岡・高千穂など）である。

表0－2　主要業態別被差別部落戸数の調査（1921年現在）

県　名	農　業	工　業	商　業	漁　業	その他	計
福　岡	13,917	509	212		1,136	15,774
熊　本	2,150	111	429			2,690
鹿児島	1,795	17	22	74		1,908
大　分	1,447	44	279			1,770
長　崎	387				261	648
宮　崎	92	8	86		25	211
佐　賀	85	235	78		56	454

資料：前出「全国部落統計表」,「全国部落調査」

二　生業の地域差

以上の記述を、表0－2（表0－1と同一資料）で検証してみよう。

まず福岡県における被差別部落の主な職業を見ると、福岡市や門司・若松・小倉・八幡・久留米市などの都市部では下足商・獣肉商・日雇などが多い。それと浮羽・三井《みい》・三潴《みずま》・三池郡の筑後地方に、下足修理・竹細工・草履製造など手工業に従事するものが目立っている。その他はほとんど農業従事であるが、小作か自作農かその内容は分からない。

熊本県では主な職業は農業と商業であるが、副業として日雇や行商・養蚕関係など農業以外の職業が雑多に出てくる。

鹿児島県では主な職業は農業と漁業であるが、副業として竹細工・藁《わら》細工や行商などが注目される。

大分県では主な職業として農業があげられるが、副業では商業や漁業の他に青莚《あおむしろ》や竹皮草履の製作と馬車引きなどがこの地方の特色を表している。

長崎県では、長崎・佐世保市を除いて、後はすべて農業従事である。

宮崎県では事例が少ないが、商業・農業・竹細工・俳優業などで混沌としている。

佐賀県も食肉販売・履物製造・行商・農業と雑然としている。

以上の大正一〇(一九二一)年現在の調査による生業の特色は、藩政時代のものの痕跡をとどめていると考えられる。皮革生産に重点が置かれている福岡県に比べて、佐賀県や鹿児島県の場合は雑然とした職業分布を示している。それは近世の被差別部落民が長吏的役目を担わされた場合、生計を補充する必要から雑多な職業に従事したためと考えられる。その点では宮崎県の被差別部落も鹿児島県と同一の南九州的性格を示しているとしてよい。長崎県が農業従事でほとんど占められていることは意外であるが、熊本県の場合も同じ性格のものと見てよい。

三　近世における被差別部落

さて、以上検討してきた九州北部と南部、それに中部との歴史地理的差異を、諸藩ごとに見ていくとどうなるのだろうか。ここでは一般的に議論を進める余裕がないので、一つの手がかりとして行刑に補助的に携わる被差別部落民の役目について、各地域の類似点と相違点を検討してみる。

被差別部落民の役目（殊に行刑を中心に）

近世の領主権力は「えた」・非人の被差別民衆を、行刑の補助者として活用した。その場合、九州でも前述した地域類型によって、歴史的位相の相違が現れる。まず、①「えた」が番長吏的性格を有して、非人を率いながら役目を果たす場合、②非人が「えた」とは別個に番役などの行刑に従事している場合、③「えた」と非人の役目が渾然としている場合、などの類型が考えられる。

①の事例は、佐賀藩・鹿児島藩に見られる。佐賀藩の場合、籠守頭《ろうもりがしら》である助左衛門のもとに「えた」が統率され、非人はその手下にあって物乞《ものごい》などで暮らしを立てていた（中村久子

「佐賀の籠守助左衛門のこと」、『近世九州被差別部落の成立と展開』、以下『成立と展開』と略称)。鹿児島藩では慶賀－死苦(「えた」)という重層的支配のもとにあって、癩病者や非人が統括されていた。ここでは表0－2に見るように農業以外の雑業や細工・行商などの生業に、その長吏的性格をもつ被差別部落の特性が刻印されていた。

②の事例としては、長崎を中心とする肥前国西部諸藩の非人が注目される。天領長崎での被差別部落(「えた」と非人の制度)が登場してくるのは近世当初からのこととはいえ、制度的に確立するのは享保期頃とされている(姫野順一「天領長崎における非人制度の確立と展開」、『論集 長崎の部落史』)。「えた目明《めあかし》」・「非人目明」が設けられ、その役目として、前者は胡乱《うろん》な無宿者の探索、後者は非人原(非人集団)へ紛れ込む無宿者の逮捕であった。非人はその他、山番・町番・村番・墓番など番方諸役を勤めていたという。「えた」が牢問御用(囚人訊問)・御仕置の「役の者」として特化するのに対して、非人はもっぱら番役を担う者であった。ただし長崎の「犯科帳」を見る限り、享保期以前では両者の役目は渾然としている。

③の事例としては必ずしも適当ではないかもしれないが、日向国高鍋藩の非人が問題となろう。高鍋藩では被差別民衆を「えた」(死苦・宿之者)・青癩《せいらい》・非人などとしているが、その役目の違いは今のところ明らかではない。例えば高鍋藩の長吏頭にあたる「鹿之助」(通称)は、同一史料の中で「えた頭」・「青癩頭」・「非人頭」と三通りに肩書されている(『近世

表0－3　延岡藩の被差別民衆

郡名	放浪芸能者								帳外		
	僧	座頭	盲目	盲女	ごぜ	道心	禅門	尼	慶賀	えた	非人
御城附	23	5	5	2	4	13					130
宮崎	2		4	1	2				18	4	
国東			3				53	2		87	
速見			1				5	1		8	
大分	1	7	1		4		42	22		108	12

史料：「御領分宗門人別勘定帳」（内藤家文書）

御仕置集成』、『高鍋藩続本藩実録』など参照）。役目としては犯人捕縛・牢番・死罪人の取り片付けなど行刑のことや、渡し守などの番役に従事している。

これらの行刑に関わる役目の差異は、藩政のあり方と表0―1・2で検討した地理的相違を何らかの形で反映したものであろう。

藩政と被差別部落

前項「被差別部落民の役目」で検討したところでは、それは藩政の規定を強く受けたものであった。

しかし近世の被差別部落がすべて藩領域の枠の中に閉じ込められているのではない。日向国延岡藩における文政一一（一八二八）年の例を示そう（表0―3参照）。数字や用語の取り方に地域の基準の違いがあるのかもしれないが、およその傾向を知ることはできよう。

延岡藩の下層民衆支配は、おそくとも牧野領時代以前の人別把握を踏襲していた。その特徴は、延岡藩の「御城附」（城下とその近郷六六カ村）と宮崎郡域に比べて、豊後国の国東・速見・大分三郡の様相が相当に異なることである。延岡藩の領域が牧野時代までさかのぼって同一であったことを考えると、牧野氏入封（正徳二〔一七一二〕年）以前にこのような被差別民衆の権力的把握がなされていたと考えられる。その地域的違いは、宮崎郡域特に「御城附」で、非人の流入が激しいことと盲僧や道心などの放浪芸能者の多さである。宮崎郡の場合、帳外者として慶賀・「えた」という鹿児島藩の身分呼称が現れる。このような延岡藩南部の状況に対して、北部の豊後国領域の三郡は「えた」と禅門《ぜんもん》・尼（禅尼）が圧倒的に多い。道心・禅門・尼はいずれも乞食僧尼であり、生計は門付《かどづ》けで立てていたのである。このように藩領域の南北で身分呼称が異なることは、被差別民衆の管轄が藩領域で一律に行われるのではなくて、従来の差別の慣行に即してなされたことを意味する。

また、近世の九州では被差別部落の存在しない箇所があった。天草島と対馬藩である。天草島は寛永一八（一六四一）年以降天領であったが被差別部落はなく、死牛馬の処理は熊本藩の被差別部落民が代行していた。島内に一九カ所の納屋が置かれ、熊本藩松橋《まつばせ》の被差別部落民四〇人が渡海して一カ年一〇〇〇枚余の牛馬皮を剥ぎ集荷していたという（松下志朗『九州被差別部落史研究』一三〇ページ参照）。このような藩領域を越えた活動が許されたのは、幕府と熊本藩の合意が成立していたためか、あるいは被差別部落民の慣行を支配者側が認めたためかは、分からない。

他方、対馬藩の場合、寛政期以降、牛馬皮の利益に注目して国産仕法を実施するが、そのために対州領田代《たしろ》より被差別部落の細工人を呼び、被差別部落が形成されたという。したがってそれ以前は死牛馬の処理はなされず、百姓は死牛馬を土に埋めていたという。また被差別部落の存在も寛政期以前は知られていない。ともかく、対馬藩では近世後期藩財政の政策として皮革生産の技術が導入されたが（中村正夫「対馬藩の皮革生産について」、『ながさき部落解放研究』第二四号）、被差別民衆の支配がどのように行われたのかは判然としない。

これらの藩政のありかたは、逆に民衆の動向によっても規定されるものがあったろう。その点を、移動する下層民衆の動向の中に探ってみたい。

下層民衆の移動

下層民衆の移動は、合法的には旅日雇として現れる。福岡藩の場合を検討してみよう。例えば筑前国の西部、怡土《いと》郡三坂村の事例については前に触れたことがあるが、寛政一二（一八〇〇）年には豊後国島原領から男一人、享和二（一八〇二）年には肥前国大村領から一家族四人、文化一三（一八一六）年には肥前国島原領からと唐津領からの夫婦百姓が移住して

表0－4　宗像郡の旅日雇人数

出身地	単　身	家　族	出身地	単　身	家　族
京都	1		筑前	1	
備前	1		筑後	7	7(2)
岩見	1		肥前	5	5(2)
周防		5(1)	肥後	6	3(1)
安芸	9	2(1)	豊前	12	18(7)
長門	7	5(2)	豊後	4	
伊予		5(1)			
壱岐	1				

史料：文久四年子三月「宗像郡旅人宗旨御改帳」
備考：( ) 内は家族数

きている。時代が下ると、旅日雇の出身地はさらに広がる。元治一（一八六四）年宗像郡における旅日雇の出身地を村ごとにまとめると、表0－4のようになる。

同表を見ると、その出身地は中国・四国・九州北部の各地に広汎にわたっており、しかも家族ごと移住してきているものが一七世帯もあることは驚きである。京都の一人は京都五条町の「よし」（四七歳）であるが、どのような事情によるものか明らかでない。

このような下層民衆の流動性は、被差別民衆の場合でも同じであった。

ただ被差別民衆の流動は、必ずしも藩権力に充分に把握されているとは言えない。それは生業が門付けや細工などの渡り職人であったりすることから、持株化して定住している「えた」・非人とは異なって、各地を放浪して歩くためである。定住化している「えた」・非人であっても、近世期を通じて全般的に増加傾向にあることは九州被差別部落史の特徴であるが、その数がつかめない野《の》「非人《ひにん》」や放浪芸能者、渡り職人などが九州へ流入し、増加していると推測できる。それらの一端は、犯科帳や諸事件の口書などにおびただしく記されているところである。例えば筆者はいくつかの事例について紹介したことがある（拙稿「嘉永三年殴殺事件覚書」、『部落解放史・ふくおか』第三三号。「延岡藩における被差別民衆の世界」同第六二号）が、そこに見られる民衆の姿は百姓と「えた」・非人の身分的枠組みを超えたものであった。それは、関八州の下層民衆に見られるようなボーダー・レスの世界でもあった。そしてそのことは、藩札が藩領域を越えて流通することに象徴的なように、藩際経済の進展と密接に関連していた。

以前筆者は、九州部落史研究の問題点を検討したことがあった（松下志朗編『近世九州被差別部落の成立と展開』）。すなわち中世社会における被差別民衆の研究が少ないこと、したがって近世初期の部落差別の位置づけが困難であること、さらに皮革生産の史実をどのように理解するのか、というようなことであった。そしてそれら全体に関わることであるが、ケガレ観との関連で部落史をどのように見通すのか明確にできないことを問題点としてあげた。これらの問題はまだ解決されていない。

第一編　中世末・近世初期の被差別民衆

第一章　筑前における被差別民衆

一　穢れとキヨメの世界

中世の筑前における被差別民衆の姿は、必ずしも明らかでない。それは現在史料が残されていないことによるのではなくて、研究者のまなざしがまだ被差別民衆のレベルにまで達していないことを意味するものであろう。したがって史料のかけらを落ち穂拾いするような形で、中世社会の底辺に坤きうごめいていた人々の姿を描いてみる。

中世の筑前に非人を中心とする被差別民衆が数多くいたであろうことは、充分に推測できることである。聖域としての香椎宮・筥崎宮・太宰府天満宮などを中心として、北部九州に分布している社寺は、当然のことながら信仰の対象としておのれを清浄に保つ必要があり、そのためには穢れをキヨめる集団を維持しなければならなかった。「散所《さんじょ》」と「河原者《かわらもの》」である。前者は交通の要所や聖域の周辺に住み、寺社の清掃・警備や運送業などに従事しており、後者は河原などに住んでもっぱら芸能や染め物・庭づくりなどを生業としていたという畿内の知識を前提として話を進める。とすると、文治三（一一八七）年「筥崎大宮司分坪付帳」（『筥崎宮史料』）に、「さんしょの物とものさい所」を認めていることは、筥崎宮においても寺社の清掃・警備に従事している「散所」の集団が存在していたことを確認してよかろう。

同様に大内氏の評定衆、杉宗長・竜崎隆輔らの連署書状（『筥崎宮史料』）が、筥崎大宮司が訴えた「エヒス河原」のことを問い糺していることも、「河原者」の存在と関連して重要な意味をもつものであろう。

他に事例を挙げることは止めるが、このような散所・河原者の集団は、当時おびただしく流浪していたと思われる癩病者の統制・支配のためにも欠かすことのできないものであった。

永禄四（一五六一）年「耶蘇会士《やそかいし》日本通信」は、博多の町で癩病が全身に及んだ青年を簡単な薬で三日間内に全治させたという奇蹟を報告しているが、そのような癩病者に対する治療ないし魂の救済の記事は他にも多く見られる。そのことは逆に、博多や九州の城下町などに多くの癩病者が暮らしていたことを示唆する。

癩病に対するおそれは古くからあったが、近畿地方における癩病＝業病観の成立は一二世紀のこととされている。そして一三世紀以降盛んに起請文《きしょうもん》に「白癩・黒癩」の文字が記されるようになるが（黒田日出男「中世民衆の皮膚感覚と恐怖」、『歴史学研究』一九八二年度大会報告）、九州地方の事例については今後検討すべき事柄の一つであろう。

管見の限りでは、島津氏の起請文に「白癩・黒癩」の文字が記されるようになるのは、豊臣政権期以降である。それは豊臣秀吉の「五畿内《ごきない》同前」という画一的な占領政策を反映しているものと考えられ、武士団の起請文にたびたび記されるようになってくる。そして癩病＝業病観の滲透は、その患者の忌避（隔離）を深めることとなり、その管轄・統制にキヨメの職能をもつ「散所」・「河原者」が当たることとなった。

なお、河原者が芸能関係に従事していたことを、もっと明らかにする必要がある。例えば「高良玉垂宮神秘書」（『高良玉垂宮神秘書　同紙背』）は、遷宮の式次第について述べたところで、「大菩薩御出ナキサキニ、座頭、地神ノ経ヲヨミテトヲル也」としていて、御神幸の先触れとして周縁身分の座頭がキヨメの役割を果たしている。このようなキヨメの能力は、正月行事などにおける慶祝芸能にも見られるところであって、中世的呪術性の濃い社会では一定の役割を期待されたものである。この高良山における地神盲僧の芸能座「モモタウ」は、市祭の時、高良から運ばれてくる市恵比須《いちえびす》の神体を建てる儀式を行ったという（洞桂之輔

「中世筑後における座」、『福岡地方史談話会会報』第一七号)。高良社がモモタウ座やその他の手工業者を通じて市祭を支配していたことが窺える。

筑前における戦国大名の職人統制については、芦屋の時宗「金台寺過去帳」が一つの手がかりを与えてくれる。この「過去帳」の時衆の肩書には職業が記されていて、金台寺所属の住民の職業構成を知ることができる(川添昭二「筑前芦屋の時宗・金台寺過去帳について」、『九州中世史の研究』。能美安男「金台寺古伝過去帳」、『記録』第一九号)。

紙衣屋・桶屋・鍛冶・念珠屋・船番匠などの他に、芦屋の特殊性を示すものとして釜屋・金屋が記されているが、その生産と流通に金台寺時衆の芦屋釜鋳物師《あしやがまいもじ》がいて、時衆聖の遊行《ゆぎょう》性が流通の潤滑油として働いていたという。このような職人集団を戦国大名がどのように掌握し、統制していたのか、近世初期の職人編成と比較して興味がもたれるところであるが、今後の研究の進展にまちたい。

二　近世大名の職人編成と役目の強制

天正一五(一五八七)年、九州征服をなしとげた豊臣秀吉は、キリスト教の布教を禁止するとともに、食肉のための牛馬の売買をも禁止した。その理由は「牛馬をかい取り、生きながら皮をはぎ、坊主《伴天連》も弟子も手づから食する也」という「畜生道」同前の西欧の風俗習慣にあったと考えられる。

このような浄穢《じょうえ》観をもとにした禁制はいろいろな形で表れるが、例えば寛永一九（一六四二）年英彦山の「定法度条々」（『福岡県史資料』第八輯）では、神式の際女性の見物を禁止しており、その他に谷々や道中に馬の血を残しておくこと、魚売買、お産の女性の手紙のやりとり、火合わせなどを規制している。このような浄穢観は「服忌令《ぶっきりょう》」として集約されていくが、そのようなタブーは近世初期しだいに民衆の内部にも定着していくものとなったのであろう。

他方領主としては、慶長五（一六〇〇）年、新しい支配領域が定められて封建制支配秩序が確立してくると、己の領国支配に専念するようになる。関ケ原の戦功によって筑前国国主となった黒田長政は、ただちに支配体制を固める諸政策を打ち出したが、その一つに城下町の振興と殖産政策がある。

筑前に入国（一六〇〇）した翌年、黒田長政は福岡城の建設を始めるが、それは城の建築のみにとどまらず、福岡・博多の双子《ふたご》都市を設営することでもあった。博多の町を活性化させるために多くの職人が招かれることとなる。例えば大工町は「此の町を立られしはじめ、大工を置れる故に町の名とす」と記されているが、そのように職業の由来を町名としたものとしては呉服町・鍛冶町・紺屋町などが挙げられよう（貝原益軒『筑前国続風土記』）。それらの町に招かれた職人たちは、「慶長九年長政伏見ニテ、刀匠下阪彦太夫義辰、其弟作兵衛辰仲、鎧匠岩井源助貞勝、函人春田次兵衛、弓工善左衛門、鎧工又蔵、象嵌工吉岡幾右衛門ヲ召見、筑前ニ下ルベシトテ、各妻子ノ旅費トシテ、銀一貫目ヲ給シ、其ノ下国スルニ及ンデハ、福岡ニ住セシメ、各扶持ヲ与ヘタリ」（「藩祖時代　福岡民政考」）と伝えられているが、そのような厚遇をもって迎えられた者の一人に「鞍《きつかけ》」屋丹羽太兵衛が挙げられる。「鞍」屋とは切付屋《きりつけや》（革細工師）のことであるが、前掲史料に見られるように刀匠をはじめ武具製作者が多く招かれていることを考えると、この革細工師も博多に居住し、領主の注文に応ずる職人であったとしてよかろう。領主のもとに直接掌握されている町人であったと言ってもよい。このような細工人としては、黒田孝高より一〇石の扶持をもらっていた「かわや」喜十郎（『福岡県史　近世史料編　福岡藩初期（上）』）なども挙げることができる。

それらに対して原皮生産者である「かわた」もまた、慶長期にはいろいろな形で姿を表してくる。黒田長政は慶長六（一六〇一）年検地帳の指出を徴収し、翌七年検地帳を全藩的に作成したというが、その実態は必ずしも明らかではない（松下志朗『幕藩制社会と石高制』）。しかし検地帳の作成年代がいつであるにしても、いわゆる「慶長検地」の作業によって、石高を付けられた「かわた」が存在していることに注目したい。それは福岡藩一五郡中、八郡二七カ村にわたっている（「慶長中調筑前国各村別石高帳」他）。その中で御笠郡片野村の場合、現存する検地帳（「筑前国御笠郡片野村本田畠新畠御帳」）によると、一村立ての「かわや村」として一八六石余の村高が記されており、それらはすべて「かわや分無役」として夫役労働の徴収を免れている。他の史料から本年貢については百姓並みのものを徴収されていたことが知られるが、夫役労働の徴収を免除されたことは、何らかの賦役の代償であったと考えられる。

　片野村における石高所持の階層構成を見ると表1－1のようになるが、そこで際立つのは三六石六二四合の石高を所持する十郎左衛門の存在であろう。その田畠は上・中・下・下々の各等級に満遍なく配分され、居屋敷も三筆を数えていることから、十郎左衛門はおそらく庄屋であったと推測される。居屋敷が三筆に分かれていることは、分家ないし下人家族を抱え込んでいたためであろう。

表1－1　慶長7（1602）年片野村の石高保有規模

石高保有規模	人　数	備　　考
35石以上	1人	（十郎左衛門）
30石 〃	0	
25石 〃	0	
20石 〃	0	
15石 〃	1	（与三右衛門）
10石 〃	4	
5石 〃	4	
1石 〃	21	
5 斗以上	12	
1 斗以上	19	
1 斗未満	3	
計	65	

しかし検地帳から当時の姿を読み取ることは難しい。片野村の場合、六五人の耕地保有者がいるにもかかわらず、居屋敷はわずか四筆（登録者二人）であり、耕地の存在形態も例えば藤左衛門の場合、中田八反六畝二六歩と下々畠一反五畝一六歩の二筆である。このことからも検地帳が当時の耕地の実態を表していないことは推測され得るが、片野村の耕地総計から見て畠地がちの村であり、しかも下畠・下々畠が七町一反八畝と畠地の六五％を占めていることなどから、その村位が「下ノ村」に位づけされたこともうなずけるところがある。それは片野村が皮革生産とは関わりの薄い土地柄であったことを想像させる。したがって片野村の村高一八六石四合が「かわや分無役」として記されていても、その夫役労働の免除は皮革上納の代償とのみは言えないかもしれない。そこには太宰府天満宮という「聖域」に近いことが考えられなければいけないのかもしれない。今後の検討を要することの一つである。

さて、「かわた」の無役分が身分に伴う役の反対給付であることを先に述べたが、役の一つである皮革生産は福岡藩初期にどのようにとらえられていたか、以下検討してみたい。

まず慶長七（一六〇二）年正月、福岡藩重臣四人の連名で那珂郡の「かわた」と推定される五人宛に法令（『筑前国革座記録』上巻）が申し渡されている。それによると、第一に宗像郡などの如水《じょすい》知行分を除いて、藩内から馬革一〇〇枚・室革二〇〇枚を上納するように命じている。納付先は野上三右衛門方となっているが、分限帳を見る限り該当者はなく、あるいは陪臣かと考えられる。この三〇〇枚の上納を条件に「諸公役御赦免」と明記されている。しかし田畠の年貢についてはすべて百姓並みとし、糠《ぬか》・藁《わら》などの納物《おさめもの》などについても同様としている。さらに追而書《おってがき》で革絆綱《かわはつな》と掃《はわき》の役夫を五節句ごとに取り立てるとしているのも、百姓の納物上納と同じ基準からだったのではないかと考えられる。この年間三〇〇枚という定額規定は、慶長一四（一六〇九）年、「毎年死候牛馬拾疋ニ付いて、皮六枚」の上納を命じるという六〇％上納の定率規定へ変更され、さらに宝永三（一七〇六）年の皮座仕法（「黒田御用帳」）では運上銀三貫目と代銀納化していくが、当初の三〇〇枚という上納額は、近世中期までほぼ継承されていたと見ることができる。

以上検討を加えてきた福岡藩の「かわた」は、その皮革生産において後に見るような差別性はまだ刻印されていないようである。

元和元（一六一五）年、御傍筒頭《おそばづつがしら》に布達された「御狩山の儀ニ付いて仰せ出さる覚」（「長政公御代御書出令条」）は五カ条より成るが、狩りの際の獲物の配分について定めている。その中で注目されるのは、山奉行衆へ猪一丸・鹿一丸を皮ごと支給すること、残った鹿については残らず鉄砲衆に渡すので、皮道服・ドウラン（胴乱）・口薬入れなどを製作するように命じ、鹿皮を残らず中村喜十郎方へ渡すことを定めている。中村喜十郎も分限帳には姿を表さないが、寛永六（一六二九）年「御切米帳」（『黒田三藩分限帳』）によると、御鷹師衆《おたかししゅう》として中村五郎右衛門が八石、御手鷹師衆として中村権介が九石の祿を食んでおり、中村喜十郎もそのような鷹師衆の一人かと推測される。そうだとすれば、狩りによる鹿皮を剝ぐことは、必ずしも「かわた」が行ったということではないのかもしれない。南九州の事例ではあるが、天正一三（一五八五）年、宮崎の武将上井覚兼が自ら鹿皮を剝いで行縢《むかばき》を作ったこと（『大日本古記録　上井覚兼日記』）が想起されてよかろう。

慶長期前後の「かわた」の性格を論じる時、今一つ問題となるのは松原番の役負担である。慶長一七（一六一二）年、黒田長政は博多松原の保護について三カ条の法令（「博多松原番之事」、「長政公御代御書出令条」）を発布している。すなわち博多松原に居住している「かわた」に諸公役を免除して松木の保護に当たらせているが、犯人の逮捕には米一石を褒美にとらせ、逆に見逃した場合は一本につき一〇〇文宛の罰金を徴収するというものである。もし相手が捕えにくい者である時は尾行して通報するように命じている。

この松原保護政策は、同一趣旨のものがすでに慶長三（一五九八）年、代官石田三成によって発布されていること（『福岡県史資料』第八輯）から見ると、神木としての松木の保護に当たったと考えられないこともないが、黒田長政の場合、その番役を「かわた」に命じていることが注目される。そこには「かわた」に番役を命じてもおかしくないような「かわた」の社会的地位が表層に現れ始めていたと考えられるのではなかろうか。なお福岡藩は、松林保護には慶長・元和・寛文期に積極的に乗り出すが、それは神木の保護というよりも領国の景観を整備するという近世大名としての対応策であったようである（『新訂黒田家譜』第一巻、『博多津要録』第一巻）。

第二章　南九州の慶賀とその周辺

一　はじめに

戦前の研究においても、「慶賀《けいが》」呼称が南九州に存在していることは、つとに知られていたことである。例えば三好伊平次『同和問題の歴史的研究』に、「又薩藩下には〇〇の外に『ケイガ』と称せられたものが江戸時代の末に四三部落もあつて『慶賀』の熟字を充当してゐた」としている。

また南九州の郷土史誌類には被差別部落民に関する記事も多く、その一端については瀬戸山世志人「鹿児島における被差別部落史――『郷土史誌』にあらわれた被差別部落」（『部落解放史・ふくおか』第一九号）が発表されている。

宮崎県域に関しても、いち早く小寺鉄之助が関連記事を編集しており、研究の便宜は与えられているとしてよい（小寺鉄之助編『近世御仕置集成』）。

しかしながら基本的な史料の探索は現在必ずしも充分ではなく、例えば地域史史料の白眉である『庄内地理志』（現在第三巻まで刊行）は漸く刊行され始めたものの、他にも埋もれた史料の発掘は今から積極的になされなければならない。

ただ、そのような事情の中で『鹿児島県史料 旧記雑録 後編』全六巻（鹿児島県維新史料編さん所編）の刊行がなされたことは、南九州における被差別部落の研究に資するところが大きい。以下、慶賀を中心に形成期の被差別民衆の具体相を論じておきたい。

二　中世領主の正月行事と慶賀

饗応と祝儀の給与

天正一二（一五八四）年、大隅国禰寝院《ねじめいん》の領主であった禰寝重長は、その年の正月行事を表1－2のように行っている。その内容を見ると、新春の慶祝参上と領主の対応（捥飯《おうはん》と返給《かえりごう》）、寺社参詣、御斎《おとき》、それに鹿児島出仕などより成っているとしてよい。そのうち新春の慶祝参上者は、親類衆や家臣などの武士団と山伏も含めた寺社関係者、それに廻船衆や「へタノ老名《おとな》」など在地有力者である。禰寝氏の場合、中世においては種子島や琉球との関係が

表1－2　大隅国禰寝氏の正月行事と饗応

月　日	行　事　内　容
元旦	年越之番衆御目見 ── 扇子給与
	社参（6社）── 計500文と仏餉
	挠飯（親類・家内衆・殿原衆）
	寺庵参詣（1寺1庵）── 計500文とヘイジ1具・鈴1対
2日	寺庵参詣（1寺）── 300文・ヘイジ1具
	真言衆（山伏衆同座）祝儀 ── 饗応
	廻船衆参上 ── 冷酒
	タクミ紺榓，内侍・祝子参上 ── 酒
	辺田老名参上 ── 酒
3日	寺院参詣（1寺）── 酒
4日	挠飯（大始良衆・西俣衆・田代衆・小触衆）
	園林寺御斎 ── 酒
5日	僧礼 ── 酒・ソナヘ他
	寺庵参詣（6寺2庵）
6日	参人衆（1寺4庵）
7日	竹崎周防守参上
9日	御一家中寄合
10日	積翠寺御斎
11日	勝雄寺御斎
12日	野間殿鹿児島へ参上
13日	禰寝重長　御懐カコイへ御座
14日	刑部大夫殿　串良へ参上
15日	上脇　鹿屋へ参上
22日	禰寝氏　鹿児島へ参上
25日	連歌
26日	御屋形様へ出仕 ── 太刀進上
	青銅100疋・太刀（右衛門大夫殿・平田殿・下野殿・図書殿）
	青銅100疋・タル1ツ（白浜殿・本田殿）
	青銅100疋（福昌寺）
	青銅600文（ケイガ上・下）
	青銅100文（土器作）
27日	城中寄合

史料：「天正十二年日次記」（『鹿児島県史料 旧記雑録拾遺 家わけ一』）

深かったことが廻船衆や大隅半島最南端の辺田老名の年賀参上に反映しているのであろう。また「タクミ」が内侍・祝子とともに参上して酒を給されていることも注意を惹く。大隅国小禰寝《こねじめ》の紙漉《かみすき》職人が「正月ハ各々いもつと一ツ、上候」としていることも（天文二四年「紙漉河内日記」、『鹿児島県史料 旧記雑録拾遺 家わけ一』）、領主の正月行事に対する職人のかかわりを示唆しているものと言える。

これらの領主の館における正月行事に一つの役割を果たすのが、在地における吉書であろう。

三カ条吉書の事例

吉書は、神事・勧農・年貢の三カ条について次のような文言（『鹿児島県史料 旧記雑録 前編二』）から成る。

吉書

一 可修理神社仏閣、専祭奠之事

一 神者依人之敬増威、人者依神之徳添運之事

一 可専勧農調納国々年貢之事

天福皆来　地福円満　天地和合楽　武勇長久楽　喼々如律令

嶋津相模藤原日新（花押）

天文八年己亥正月十一日

この文面は天正期に入ると次に示すように簡略化され、少なくとも近世初期まで変わらない（『鹿児島県史料　旧記雑録　後編二』）。

吉書

一　神社仏寺修造興行之事

一　可専勧農事

一　可徴納国々年貢事

右任三ケ条之旨、可有沙汰之状如件

天正七年正月十一日

このような吉書は、単なる正月行事の慣例として、その形式性を意味のないものと考えることもできるかもしれないが、しかしながらまた逆に、在地領主によって酒宴の前に読み上げられることは、その支配において一つの意味をもつ行為であったとも言えよう。

例えば天正一四（一五八六）年正月二日、島津義久の武将・宮崎城主上井覚兼は、次のように記している（『大日本古記録　上井覚兼日記　下』、以下特に断わらない限り、同一史料による）。

一　二日、任佳例吉書始候、三献等如常、老者衆・入道衆なと被指出候、酒肴共被持来候、如例御酒寄合候、此日猿渡《（信光）》殿・上井《（兼成）》右衛門尉殿・長野淡路守殿・関備後守殿・野村大炊《（豊綱）》兵衛尉殿・長山兵部少輔殿へ礼申候、衆中各随身仕候、爰彼種々会尺也、拙者も銘々ニ御酒持せ候

恒例に任せて、正月二日吉書の儀をとりおこなっているが、酒三献がいつものように老者衆・入道衆などと交わされたのである。

前述した禰寝氏の場合は、真言衆が山伏衆と同座して「酒五ヘン　御ソナヘ芋ノ汁　サウメン　ノリノ汁　山イモノ汁」と酒宴を張っているが、これも二日のことであり、おそらく吉書の儀執行の後のことと考えられる。そうであるとすれば、密教の真言僧が加持祈禱を行うこともあり得よう。

いずれにしても、禰寝氏の場合、正月二日に真言衆・山伏衆の他に廻船衆・タクミ・内

侍・祝子・ヘタノ老名など在地の者たちが参集しており、そのことは吉書の儀の性格を示唆するもののようである。

慶祝芸能者としての慶賀の役割

表1―2でも明らかなように、領主禰寝氏の館《やかた》に慶賀が新春の祝詞を述べるために参上し、青銅三〇〇文を返給されている。

同様なことは宮崎城主上井覚兼の館でも見られた。天正一三（一五八五）年元旦の日は終日酒宴が張られたが、その席に慶賀も参加していた。覚兼は「毎年祝言迄ニ発句申候」と記しているから、そのような連歌の席にも慶賀が陪席していたことは充分に考えられよう。翌天正一四年元旦の場合も、次のように記録されている。

一　元日(天正十四年)、早旦様躰如恒例、奈古八幡(宮崎郡南方)へ社参申候、奉弊(幣)等如旧式、参銭百疋持参候、三献等如常、衆中各同心候、（中略）如旧規鎧着始候、三献等如常、其後、山本備前拯吾々前にて包丁(庖)仕候、式ノ鯛也、従夫、恒例之三献にて候、慶賀なと来候而、二条居瓶子なと如例拝領候也、鎌田源左衛門尉殿(兼政・政徳)父子被来候、如早晩三献寄合候、衆中有足・無足被来候

（中略、七日の記事）
其後御捥飯参候、御座躰、主居　太守（義久）様、御次秘書（島津忠長）・濃州、客居　武庫様、御次頴娃左馬助（久虎）・拙者也、種々御肴参候て御酒宴也、伊集院（日置郡）之慶賀、如恒例参候而仕候、春御酌ニ参候、御両殿（義久・義弘）御肩衣被下候、祗候衆も召出之御酒給候て、軈而肩衣脱候也、渋屋大夫（松右衛門尉某カ）参候て乱舞也
　武庫様御内之衆も一両人被指出、御酒被給候也

即ち例年のごとく早朝奈古八幡へ初詣でを行い、発句一首を作ったあと、これまた旧規のごとく鎧着始めの儀をなし、そのあと酒宴に入っているが、その席に慶賀が参加して二条居瓶子などを拝領している。さらに七日には捥飯の席となり、島津義久・忠長・義弘ら主賓の座に「伊集院之慶賀」が参加して新春を寿ぐための「御酌」をし、肩衣脱ぎの無礼講となったところで、渋屋大夫を交えて「乱舞」で終わっている。

以上、中世末における慶賀の存在形態は、近世の慶賀とはその様相を異にしていて、もっぱら慶祝芸能者としての役割を高く評価されていたと考えられる。

その地位は、どのような時代の背景のもとでもたらされたものか、次に若干の検討を行っておきたい。

三　中世社会の呪術性と畏怖感

呪術的風土

南九州の武士団は、日常生活の薄暗い底にひそむ澱《おり》のようなものを怖れて、超越的なものに頼ろうとする傾向が強いように思われる。

宮崎城主上井覚兼は、天正一三（一五八五）年二月四日、護摩《ごま》を始めているが、それは「御旧例之年頭」の儀式であった。その執行には談儀所が当たっている。六日には島津氏も護摩道場へ出かけ、暫く聴聞しているが、一一日にはその護摩は結願して終わっている。このような密教の加持祈禱への依存は、また病気平癒のための僧侶による祈禱ともなって現れた。天正一一年正月二八日、島津義久が虫気を煩っていたため、上井覚兼は僧一三人を招いて病気平癒の祈禱を行ったが、それは医王善逝之法十二座・同咒十二万返の執行であった。また閏正月一九日諸寺社に義久平癒の祈禱を行わさせ、二二日諸寺社祈禱の護符を鹿児島へ送っている。さらに一一月一八日には、相良忠房が義久の病気平癒のために一万句連歌を立願し、上井覚兼はそれに応えて二二日、発句を送っている。

このような行為は役職の辞退という人事についても共通してとられた。夏以来加判役の老中職を辞退することを出願していた上井覚兼は、天正一一（一五八三）年一一月二一日、「大明友賢（江夏、本姓黄）へ易之占頼候、拙宿へ来候て占候、（中略）本卦雷地予、変卦雷水解也、心静ニ上意ニ随候て、次第〳〵ニ御侘申候て可然之由也」と記している。そのような呪術性に満ちた行動は、日常生活の中でも多く見られた。天正一三年正月二〇日、「余々悪日にて候間、明日御伊勢（海江田社）へ参詣申候て、直ニ城へ罷登候て可目出之由也」と、外出を「悪日」という理由のために取り止めている。

天正一三年六月二七日には「此日より別火ニ打立候、然処ニ円福寺より使預候、別火之義、打続日廻あしく候、それ過候へハ月越ニ罷成候間、人数あまたにて今日一日別火可然之由候間、其分ニ仕候也」と、日廻りが悪いために別火を多人数で行って一日に縮めている。

このような事例は枚挙にいとまないが、以上見てきたような行動形態は島津氏領では一般的なことであった。

神籤《みくじ》

戦国大名としての島津氏が戦闘に際して重視していたのは、「神慮」であった。例えば永禄六（一五六三）年、島津貴久は次のような願文（霧島神宮文書『日向古文書集成』）を残している。

島津貴久願文

度々御鬮申下口事、雖相似軽神慮候、当家之事奉頼偏御山之、擨《ママ》捧外無別儀、仰願、六所大権現御座哀愍納受、差向所之敵城破却、一々心中之諸願令成就給へ、仍御鬮之意趣如件

条々

一　至小林之城働之事、指寄候て喜ならは一鬮
一　時分伺候て於可然者二鬮
一　任佳例可有白鬮候

永禄六年癸亥弐月彼岸廿三日

永禄六年二月一〇日、島津貴久は伊東氏の軍勢と三ノ山（小林）に戦って勝利を収めたが、そのあと小林攻略を企て、神籤をひいたものと考えられる。一鬮ならば吉、二鬮ならば暫く時間を置く、という戦術上の重要なことを神籤で決定している。このようなことは、例えば天正四（一五七六）年九月六日、島津義弘・同歳久と談合衆で作戦会議を開いた時、いろいろな意見が出て決定しかねたので、「必竟御当家御弓箭者御鬮肝要候間、霧嶋へ御鬮可然ニ

相定候」としたところにも共通している。

天正一〇（一五八二）年、九州は島津・大友・竜造寺三氏鼎立の時代であったが、同年一一月、肥前日野江城主有馬鎮貴（晴信）が島津氏に援軍を乞い、ここに島津・竜造寺氏が激突することとなった。一二月、島津氏の兵が肥筑に進み、肥後では島津の軍勢に隈部・阿蘇両氏が頑強に抵抗したという。

天正一一年、島津氏は有馬救援に奔命していたが、同年七月、阿蘇惟将と和睦を結ぶに至った。ところが九月末、島津氏は再び阿蘇惟将と絶ち、島津氏の諸将は阿蘇惟将を撃たんとしたが、島津義久はこれを止めてもっぱら有馬氏救援に力を尽くそうとした。しかしそれを肥後の諸城主にはばまれて遂行することができず、有馬鎮貴に対する救援は暫く中止せざるを得なかった（『鹿児島県史』第一巻）。

以下引用する史料（『大日本古記録　上井覚兼日記　上』）は、そのような状況下のものである。

天正十一年拾月

一　朔日、看経等如常、右馬頭殿《（島津以久）》へ参候、御酒御寄合也、其後忠棟へ御礼申候、従鹿児嶋
四本主税助《（秀堅）》続ニ来候、其次を以、寄合中《（伊集院忠棟・平田光宗・覚兼）》三人へ被仰条々候、三人同前ニ承候、越、
此度阿蘇《（惟将）》家へ手切之儀、前刻上村《（肥前守某）》を以被申上候、具被聞召候、併此仕役之事、月夜之

内ニ而候ハてハ可難成候間、上村参候て跡(後)ニも仕出候らん由申候、然者御返事御存慮共被仰候ても不入事と被思食、不詳候キ、惣而阿蘓領ニ弓を引せられ候する事ハ、神敵(阿蘇社)之様に候、雖然甲斐民部入道(親直)心底、就中頃相違之様ニ見得聞得候し歟、儻者弓箭之外無之候、同者彼方ニ替せ候て、此方よりハ請太刀ニ被成度御存分ニ候、剰御鬮有馬(肥前南高来郡)表御働可然之由候処、彼方を指捨、阿蘓へ手切、御納得無之候、此前(天文一七年)大隅へ御打入之砌、曽於(姶良郡)郡相支候処ニ、伊集院孤舟斎(忠朗)、宮内(同郡)を破却候ハてハ彼方痛間敷由談合共候て、既可被打立覚悟候処、日新様(島津忠良)被聞召付、御家之事者神慮を御憑被成迄候、然処宮内を被打破候てハ、八幡之御冥慮恐敷被思召由、頻被仰留候、是程ニ御代々御神慮迄にて御弓箭をなされ候処ニ、御鬮なとも不被申、楚忽ニ手切、曲事ニ被思召候、然共仕出候上者無是非候、宗運(親直)一身相違ニ付被召出候、聯阿蘓御神慮ニ対せられぬ由御立願なと、談合次第被申候て肝要たるへき由也

すなわち天正一一年一〇月、鹿児島から到着した四本秀堅が、島津義久の命令を伊集院忠棟、平田光宗、上井覚兼ら寄合中へ伝えたものであるが、その中で、阿蘇領を侵略することは神敵のようになって憚りがあること、それに御鬮で有馬氏救援を決定していたにもかかわらずそれを捨てて阿蘇氏と戦うのは不本意である、としている。さらに島津忠良がそのこと

を聞きつけ、島津家は代々神慮に従って合戦してきたにもかかわらず、鬮もせずに粗忽に阿蘇氏と事を構えるのはよくないことであるという。

ここに島津氏の領国経営に対する一つの姿勢を見ることができよう。そこには、広域にわたる配下の土豪を統制するのに「神慮」を持ち出す、少なくともそのような超越的存在を持ち出すかたちをとらなければ、おさまりのつかない島津氏の権力構造が問題であったろう。以上見てきたような南九州の精神的風土では、したがってケガレを浄める職能の者を決して軽視することはできなかった。慶賀が近世期と異なる様相を中世でもつのは、このような事情によるものと考えられる。

それでは、中世末期の南九州において賤視されていた民衆とはどのような存在であったのか、以下乏しい史料を拾い集めて検討を加えたい。

四　中世社会における伝承と史実

死苦村の藤元丹波伝

長文になるが、まず史料（『鹿児島県史料　旧記雑録　後編一』）を引用しよう。

「木崎原合戦記」（前略）

然る所に元亀三年壬申五月三日の夜、忠平公御日待遊し多人数伺公有しに、暁方に成りし比肥後民部用て外へ出る、加久藤の方を見渡は夥敷火之気有し故、則忠平公江言上す、是により公を初め御座江伺公の面々御供し、西之原の岡より御覧あるに、失火と見得て炎頬に立けり、何れも不審の折節、上江死苦村の藤元丹波と云者走来り、伊藤勢と見得て数千之人数、只今加久藤の様ニ通りしと言上す、死苦村と云ハ飯野御城より弐拾六町余、小林より加久藤の通路上江筋の下也、夜中轡の夥敷聞得けるに、気を見《ママ》けるに多勢加久藤を差而押行ける故、伊藤勢と心得、言上すとなり（中略）

一　上江村死苦村江彦六左衛門と云者有て、永祿年中ニ而も候哉、何方之者共不相知、右死苦村江癩病者壱人参り居、昼は袖乞に出暮に帰れり、夜は書物を見る躰、彦六左衛門無心元相おもひ、かの癩病者袖乞に出たる跡より忍ひて見るに、袖乞ハ不致、山々谷々道程抔ニ気を付たるにより、彦六かの癩病者を殺し懐を捜しけるに、守袋の内に三位義祐主より間者に被遣、首尾調し後ハ数ケ所領地を遣すとの書付有しかハ、首と共ニ此書付を飯野江差上しと云り、癩病と見得しハ、身に漆を塗り煩之様に見せしを、殺したる跡ニ而顕れしと也、かゝる次第も有て後、木崎原御合戦前、伊東勢加久藤江押行ける注進、旁忠賞により御高百石を被下、于今格護致す次第此末に記す

右百石ハ、間者を殺したる時被下候と云説も有り

　上江死苦村江被下置候田畠左之通

一田壱町五反　　飯野

一畠拾壱町七反三畦拾歩　　同所

右弐行田畠、飯野上江村之内ニ被下候、右畠之内に家作居申候、右通り手広御座候故、当分荒地ニ罷成候も有之、田畠共ニ死苦村作職仕申事御座候

一田三反六畦拾八歩　　小林

一畠四反弐畦廿四歩　　同所

一《とびす》田三反　　吉田《真幸》

一《岡松居屋敷》畠弐反弐畦拾八歩　　同所

一田壱反弐畦廿四歩　　加久藤

一田弐反弐畦　　吉松

一畠五畦拾歩　　同所

一田三反　　栗野

一畠弐反壱畦　　同所

右者、飯野死苦村江為忠賞御高百石被下候訳ニ付、日外御咄申上候処ニ、内五拾石ハ

真幸於吉田被下置、五拾石者飯野江被下置候与申上候者、私存違ニ而、右之通於諸所地免被下置候、死苦村之者共于今所務取納仕申候、右田地之儀、惣而上田之由承申候、飯野江有之田畠ハ、死苦者共自作仕申候、御高百石之御目録頂戴仕居候得共、二三代前ニ紛失仕候由、右之田畠、先年大御支配之砌も御構無御座外地ニ而御座候、右尋被仰付候ニ付、死苦村之者共江相糺、右之段早々可申上之処ニ、右之訳委細為存者、此間他行仕、近き比罷帰申候故及延引申候、此旨可然被仰上可被下儀奉頼候、以上

飯野嗳

亥九月十六日　秋丸佐太夫

「木崎原合戦記」に、上江の死苦村の藤元丹波（彦六左衛門）の活躍ぶりが記されている。近世後期のものと考えられる亥年（寛保三年か）九月一六日の飯野嗳《あつかい》秋丸佐太夫の書上げによると、藤元丹波は第一に永禄年中に伊東氏の間者を殺害して、その首とともに懐に忍ばせていた書付を飯野郷の御館《おやかた》へ差し出している。その間者はどこの者とも知れず上江の死苦村へ居付き、癩病者をよそおって昼は物乞いに出かけ、夜は書物を見る暮らしをしていたが、それをいぶかしく思った藤元丹波が跡をつけてみると、物乞いはせずに、山々谷々、道などを調べていたので、その癩病者を殺害したが、その守袋には日向都於領主伊東義祐の書付が入っていたこ

とで、間者であったことが知れたという。そして癩病者のようによそおっていたが、実は身体に漆を塗っていたのだという。

ここで問題となるのは、永祿年中に果たして「死苦」村という呼称があったかどうかということであろう。管見の限り同時代の史料を探し出し得ていないが、死苦と中世の夙《しゅく》は音が通じることから、おそらく「清目の非人」を内容的に示すものとして問題ないように思われる。「清目の非人」である死苦＝宿（夙）の人々は、犯罪追補・死体処理・死牛馬処理、土木、芸能、乞食（癩病人管理）などの諸職能に関係していた（横田冬彦「賤視された職人集団」、『日本の社会史』第六巻）。したがって上江の死苦村に癩病人が居着いたことは充分にうなずけることであり、また藤元丹波がその行動をいぶかしんで間者を殺害したこともその職能の一つを行使したと言えよう。

さらに藤元丹波は、元亀三（一五七二）年五月三日の夜、小林から加久藤への通路を轡《くつわ》が夥しく通るのを聞きつけて、それを伊東の軍勢の移動と報告して、島津氏の危難を救ったという。これらの功績によって藤元丹波は、高一〇〇石の土地を、飯野・小林・真幸院の吉田・加久藤・吉松・栗野に与えられたというが、この伝承記録に見られる死苦村の職能の一端が、近畿地方の宿《しく》と同一であること、したがって島津氏領内でも中世末期被差別民衆の存在を推定することは許されよう。

同様な伝承は『庄内地理志』（四十四之七）にも見られる。都城市近郊の被差別部落の伝承を次のように記している。

右四衢村先祖大炊左衛門と云者、飫肥合戦之節御馬先キニ相立、右股を被射、鉄之玉を受候処、肉を割玉を取、于今右玉権現宮社ニ籠置、正月元日頂戴致候、其節寄付之鉾ニ万治三年と有之由候

元亀三年、伊東氏との飫肥合戦で四衢《しく》（死苦）村の先祖大炊左衛門が先頭に立って奮戦し、右股を射られたが、肉を割いて鉄砲の玉を取り出し、帰還して後権現宮社に奉納したという。死苦村の被差別民であっても戦闘に参加し、手柄を立てるところがあった。

時吉氏の伝承と史実

時吉氏については、「尚久主一流歴代之譜幷釆邑宮城記」（『日本林制史調査資料』鹿児島藩、以下「宮城記」と略記）に次のような記述が見られる。

死苦村

此村いつれの頃ヨリ建初メし由来不詳、俗ニ云伝しは、上古時吉の城主悪病ニ侵され、この地にかくれしより死苦村ニ立たると言伝ふ、村主時吉氏か苗裔なりといふ、その由緒を以、代々札面ニも称号をゆるし給ふなり、寛永年中、肥前国島原一揆の時、村主時吉孫六といへる者一勢八拾人程にて、島原ニ出陣し跡の責口をのぞむ、かれが陣所は表ニかまえしゆえ、即島原より追帰し給ふ、且又御領国中人数あらための初メ、府城より伊集院正右衛門尉検使として、宮之城ニ来り人数を被改蕨（ママ）とき、村主孫六か家号を剝取ぬと稠敷其趣意をのべられしに、孫六進ミいで、我が家祖々代々の由緒を申開き、今ニ至り家号本のごとく、府城の死苦村も同家也、宮之城死苦村より相わかる、村中に権現の社あり、時吉氏の霊神なりと言伝ふ、また時吉が預堂有之

私曰、旧記を見るに、祁答院時吉孫太郎といへるもの令居住、即時吉の城主なり、大前氏の人渋谷家とハ格別の人なり、孫太郎ハ元応のころ存生の人なり

宮之城郷の「死苦村」について、いつ頃「死苦村」となったのかはっきりしないが、古い時代に時吉の城主が悪病にかかり、そのためこの地に隠棲するようになったという。島原の乱の時、手勢八〇人程を引き連れて戦闘に参加したが、陣所を表に構えたために島原より追

い帰されたというのは差別の結果であるが、ここでは近世以前に的をしぼって検討してみたい。この「宮城記」の編纂は享保年中のことかと考えられるが、その編纂者が旧記を見て祁《け》答院《どういん》時吉孫太郎について触れているところが注目される。孫太郎は時吉の城主であり、大前《おおさき》氏は渋谷家とは「格別」の家柄の人であり、元応年間（一三一九―二〇）生存していたという。

「宮城記」の冒頭部には宮之城郷の地形と歴史の概略が述べられているが、それによると、祁答院領の当初の領主は大前氏であって、もと源氏の末流で足利家の出自にかかわるという。大前氏の滅亡前後下向してきた渋谷氏が数代にわたり祁答院領を支配したが、その後永禄九（一五六六）年島津氏に謀殺されて渋谷氏も断絶、その後は島津歳久を経て島津図書忠長の采邑地となったという。

「宮城記」には編者の注記で、祁答院領は昔より大前氏の知行地であって、大前氏は時吉とも名乗り、また祁答院又太郎道秀などとも名乗ったという。大前家については康治年間（一一四二―四三）に居住していたことが旧記に見えるとしており、また大前一族には在国司と名乗る一流があり、祁答院の時吉名主、在国司太郎道嗣という者もいたとしている。

なお、『薩隅日地理纂考』（鹿児島県教育会編）は、大前氏について次のように記している。

往古大前某初テ此城ヲ築キ、虎居城ト名ケテ是ニ住ス、一名ヲ宮之城トイフ、旧記ニ康治年中祁答院又太郎道助、又建久年中祁答院又太郎大前道秀、共ニ祁答院ノ郡司タリ、此外薩摩国図田帳ニ祁答院云々、本主道房及ヒ本主名主在庁道祁トアルモ同族ナルヘシ

そこでまず「建久図田帳」(『改訂史籍集覧』第二十七冊)について見ると、時吉名を冠せられた名田は高城郡・東郷別符・祁答院・薩摩郡・伊集院(万得領)にあり、その計一五二町七反の名主は在庁道友であった。そして時吉名は「時吉道助仮名名田」と史料にあり、その道助は『薩摩国　新田神社文書』(「鹿児島県史料集」第三集)にも大前氏を名乗って現れており、それらのことから在庁道友は地方豪族大前氏の系譜に連なる者と考えられる(五味克夫「薩摩の御家人について」、『鹿大史学』第六号)。

したがって大前氏は、在庁・郡司系豪族として領主化の道を歩いたと考えられるが、その過程については残念ながら史料を見出すことはできない。弘安九(一二八六)年、藤原久氏と連署して大前道調が薩摩国大田文の再度提出を誓約していることから、地方豪族としての活動が見られるが(『薩摩国　新田神社文書』)、その後元応二(一三二〇)年、時吉孫太郎入道は柏原地頭代渋谷重松とともに祁答院若宮八幡の放生会で乱妨を働いたことにより「清祓」の成敗に付すべきことを、新田宮雑掌から訴えられている(「権執印文書」)。

大前氏については管見の限りその後の動きを知ることはできないが、渋谷氏について徳治二(一三〇七)年、祁答院地頭班目《まだらめ》氏が柏原地頭代であった渋谷重松の遺領を異国警固に事寄せて押領しようとしており(川添昭二『注解 元寇防塁編年史料』)、あるいは同様な事情から次第に勢力を失っていったのかとも推測される。渋谷氏は暦応二(一三三九)年、「南方凶徒」として名前を挙げられており(『鹿児島県史料 旧記雑録 前編一』)、南北朝対立の抗争にまきこまれていくが、大前氏一族もそのような政治過程のうちに次第に衰亡していったのでもあろうか。

「宮城記」に見られる死苦村の伝承は、時吉城主が悪病を煩って隠棲したことに始まるとしているが、そのような悪病説の背後に、大前氏一族の盛衰の歴史があり、その反中央勢力の動きと被差別部落民の存在とが何らかか関連があったのかとも想像される。

五　癩病者への差別　起請文の「白癩・黒癩」記載について

『旧記雑録』を見る限り、島津氏領における起請文に「白癩《びゃくらい》・黒癩《こくらい》」の文言が現れてくるのは、豊臣政権期以降のことのようである。近畿地方における白癩・黒癩＝業病観の成立は一二世紀であるとされているが、起請文における「白癩・黒癩」文言の記載は文永年間(一二六四—七四）以降急速に増加するという（黒田日出夫「中世民衆の皮膚感覚と恐怖」、『歴史学研究』一九八二年度大会報告）。

中世の南九州においても癩病者が存在したはずであるが、管見の限りその記述をほとんど見ることができない。ただ『日向記』（内閣文庫蔵）に記されている次の事例は、癩病者であるにもかかわらず、積極的に戦闘に参加しているものとして理解されよう。

一　落合越後守殿、是ハ足桶担《かたげ》ニテ候、急役ヲ御詫言可然候（中略）

一　落合越後守、足桶担トハ生癩ノ供仕者ノ事也

伊東氏の武将である落合越後守が、癩病者の供をする「足桶担」であったという。

ところで、島津氏領における「白癩・黒癩」文言記載の起請文を管見の限りでまとめると、表1—3のようになる。一見して豊臣政権期以降、上方の記載形式が島津氏領まで滲透して

表1—3　「白癩・黒癩」文言記載の起請文

年月日	差出人	宛所
文禄五年十一月十九日	新納弐右衛門尉忠貞	伊勢弥九郎（貞昌）
慶長三年戊戌七月二日	三位法印　龍白	（前田利家）・（徳川家康）

四年閏三月八日	（立花宗茂・寺沢広高・島津忠恒・島津義弘）	
四年閏三月十三日	甑将右衛門尉武政	伊勢兵部少輔（貞昌）
五年一月二十六日	（伊勢貞昌・別府景秋）	
五年三月十日	伊集院源次郎忠真	税所越前入道・喜入大炊
五年庚子八月二十五日	右馬頭入道宗恕	（島津忠長）
六年夷則吉祥日	大弐・高崎弥六・白浜三四郎・市成左介・川上源三郎・三原重貞	
七年七月五日	本田助丞・同勝吉	伊勢平左衛門尉
七年八月三日	（新納旅庵）	伊勢平左衛門尉
十一年八月十一日	伊地知重政他四七名	新納武蔵入道
十二年十一月十一日	寺沢志摩守広忠	伊勢兵部少輔
十三年七月二十一日	大村与左衛門尉重口	
十六年三月三十日	赤井豊後守忠勝	（島津）家久
十六年辛亥菊月	中山王尚寧	羽林家久
十六年辛亥九月二十日	（琉球尚家家臣六名）	御奉行中
十七年壬子六月十六日	又四郎忠仍	比志島紀伊守（国貞）
十九年九月七日	（記載なし、島津家久）	本多佐渡守・酒井雅楽頭
元和五年己未二月七日	（国府諸士二二三名）	
寛永八年二月十日	伊東二右衛門尉祐昌	児玉筑後守（利昌）

寛永十一年戊申歳五月	平瀬恕兵衛尉氏清	
十六年己卯六月吉祥日	連光院	
十七年二月三日	相良満右衛門他二四名	
十八年辛巳十一月四日	海老原宇左衛門他一一名	
十八年辛巳十一月吉日	種子島為兵衛（時寿）	
十八年辛巳十二月十四日	入来院伯耆守重国	町田弥兵衛
十九年壬午正月二十三日	救仁郷万右衛門尉朝次	
十九年壬午二月七日	伊東元衛門祐正	
十九年六月吉辰	杉田伊与守秀次他三名	
十九年霜月吉日	奥山五兵衛尉政常	
二十年十二月吉日	鎌田又七郎政由	
二十一年卯月大吉祥日	八木主水佑元信	

史料：『鹿児島県史料　旧記雑録　後編三―六』

きたことが窺えよう。

起請文の具体例（『鹿児島県史料　旧記雑録　後編三』）を示すと、次の通りである。

敬白　起請文之事

今度少煩申ニ付、我等者不届儀申候て迷惑申候、若只今申分候を、偽なと丶思召候てハ咲止に存候、いさ丶か自由にて遅参不申候つる、余々おとろき申候間如此候、可然やうに御申分候て可被下候、此旨偽申候ハ丶、

奉始上梵天帝釈四大天王、下堅牢地神五道冥官、惣者日本国中大小神祇、別者薩州惣廟新田八幡大菩薩　開門正一位大明神　鹿児嶋諏訪上下大明神　大隅正八幡大菩薩　日向鎮守妻万五社大明神　霧嶋六所大権現　白鷺六所権現　愛宕山大権現　大天狗　小天狗氏神大口上下諏訪大明神　天満大自在天神御部類眷属、神罰冥罰蒙忠貞身上、此世者白癩黒癩受大重病、於来世無間大地獄可堕在致者也、仍起請文意趣如件

文禄五年　　　　　　　　　　　　　　　新納弐右衛門尉

十一月十九日　　　　　　　　　　　　　　忠貞（花押）

伊勢弥九郎殿（貞昌）

まいる

そして慶長期以降、島津氏領における癩病者への差別政策は深まっていく。

慶長一六（一六一一）年、内検の実施に際して達示された次の箇条（『鹿児島県史料　旧記雑

録　後編四』）はそのことを明瞭に示している。

一　せいらい屋敷・死苦村ハ竿を可除事（中略）

一　先年京検地之竿体不揃、諸侍御公役親疎有之由被及聞食召、御改之儀候之間、能々念を可被入事

右被仰出条々於違犯之輩有ニ者、言上可被申候、随其趣速可被処罪科者也、仍下知如件

慶長拾六年拾月廿三日

三原諸右《(重種)》衛門□「墨印也」

伊勢兵《(貞昌)》部少輔○

比志嶋紀《(国貞)》伊守□

町田少《(久幸)》兵衛　□

即ち、せいらい屋敷と死苦村は、慶長検地の対象から外している。

そして寛永期に入ると、その差別は一層深刻さを増してくる。寛永一二（一六三五）年の家老連署書状（『鹿児島県史料　旧記雑録　後編五』）を挙げておこう。

（前略）

一　地下人之外人々披露浮世人帳一札　但札可差上候

一　居付之旅人　但書物之上進以札可差上候

一　居付之乞食帳一札　但札可差上候

一　せいらい村可為別帳候、其内ニ旅人居候ハヽ、旅人帳一札可差上候

右無油断早々此方へ可有首非（尾）候、恐々謹言

「寛永十二年」十月十七日　　三原左衛門佐

鎌田出雲守

山田民部少輔在判

川上左近将監在判

弾正大弼在判

都之城

御家老中

せいらい村について宗門改帳を別帳にすることを命じているのである。その間の事情を『庄内地理志』（『都城市史　史料編　近世一』）は次のように明確に説明している。

貴賤の差別相分ち候ハ、寛永十四年御領国中手札改之有り、是より貴賤の差別格別ニ相違い候

この近世初頭における身分の編成がどのようにドラスティックに行われたのかは定かでない。しかしその過程で、宗門手札改の全藩実施が一つの画期をなしたことは否定しがたいところである。島津氏領における一向宗禁制については、従来、秀吉征薩関係説、伊集院幸侃関係説、福昌寺石屋真梁勅許説、光久調伏報復説、肉食妻帯嫌悪説、武士気質阻喪説、島津忠良の一向宗嫌悪説などがあるが、今までのところ伊東氏との関連において論及したものを見ない。

島津氏は伊東氏との間に死闘を繰り返しているが、特に元亀二(一五七一)年、木崎原合戦で伊東氏は譜代の家臣を多く失った。その際注目されるのは、戦闘に際して「弥陀仏と、心ニ十念唱へつゝ、一同ニ面もふらす切てかゝる」猛攻をしており、そのことは島津氏に改めて一向宗門徒の手強さを認識せたことは間違いのないところであろう(『鹿児島県史料 旧記雑録 後編六』)。他方、一向宗の禁制が伊東氏との合戦に淵源するものであるとしても、近世期に全面的に強制されてくることと併せて、民衆の生活を厳しく統制するものとなったのである。

そのような差別が深刻化する中で、近世後期には見られないようなトラブルも表面化していた。

寛永一〇（一六三三）年の覚書（『鹿児島県史料　旧記雑録　後編五』）によると、吉田郷で郷士と「せいらい」が喧嘩して死者三名を出している。

（前略）

一　八月廿一日、吉田にて喧嘩仕出候者、衆中永岩長介・せいらい源太郎・彼兄太郎介、右三人者相果候、又市来半右殿倅者一人、是者手負但長介しうとにて候、右其元にて可有御沙汰事

（寛永十年九月三日）

さらに、少なくとも寛永一九（一六四二）年に至ると、「せいらい」に籠番《ろうばん》を強制し、その居住地も新しく移転した籠屋の周辺に移住を命じている（『鹿児島県史料　旧記雑録　後編五』）。

（前略）

一　当時籠屋之有所悪敷候間、郡本（鹿児島郊外）之野付辺ニ可被相直候、せいらひ番仕候由候、せいらいも其辺ニ屋敷被下移可被申由、被仰出候（中略）

川上因幡守◎（花押）
久国〔判〕
頴娃左馬頭◎（花押）
久政〔判〕
嶋津図書頭◎（花押）
久通〔判〕

「寛《朱カキ》永十九年」
十月十七日
嶋津下野守様
山田民部少輔様
人々御中

このような役目の強制は『庄内地理志』にも詳しいところであるが、「せいらい」と死苦村の編成は、また慶賀の地位転換と編成替えを同時にもたらすものとなったと考えられる。

延宝五（一六七七）年、鹿児島藩の人口数は男女三七万九一四二人を数えるが、それとは別統計として「慶賀・行脚・死苦・乞食」は一八一一人を確定しているのである（「延宝五丁巳年札改薩隅日人数一紙目録」京都大学文学部蔵）。

六　皮革生産について　中世―近世初期の場合

南九州の社会において、皮革生産は必ずしも賤視の対象となっていなかったように考えられる。

例えば文永五（一二六八）年、日向国串間《くしま》院《いん》は次のように年貢を徴収しているが（『日向古文書集成』宮崎県）、その中で皮革の占める比重は決して小さくない。

櫛間院御年貢事

一　定田三百二十七丁一段四丈

半分御免残　分丁別六十五貫四百三十六文　段別二十文宛

一　得田二百六十一丁七段二丈

分面付百二貫七十八文　段別三十九文　飫肥南郷引懸定

半分御免残

一　桑代十三貫百二十二文

一　色革三十枚　代十五貫文　一段別五百文定

以上百九十五貫六百三十六文
西方九十七貫八百十八文
東方九十七貫八百十八文
此外一方分西方
色革十枚　行縢革一懸一反毛代三貫文
沓一足代五百文　甘葛一瓶子
雑紙百帖五十帖者四月
五十帖八十二月
文永五年三月二十五日

色革三〇枚の他に同じく色革一〇枚、行縢革一懸、沓一足などを徴しているが、皮革は贈答品や給与品としても重要な役割を果たしていた。二、三の史料の関係箇所（『鹿児島県史料旧記雑録　後編一・二』）を挙げよう。

①一　今度永々在国申仕合、路銭以下迷惑申候へハ、又堺にて不慮ニけんくわ出来申、屋形様より被下候皮百枚被取申候（中略）

「元亀（朱カキ）二年」五月二十一日　宗古（花押）

意温斎（中江周琳）

まいる御宿所

②閏霜月二日之御札、今日十二月八日、桑名持参申、具令被見候、然者明日便宜候条相届申候趣、先一筆之返事与申候条、不取敢申候、鹿皮三枚又々給候、殊更可然皮にて祝着申候

③（天正十四年八月廿二日）米良弥太郎殿被来候、二百疋、熊皮預候也、即参会仕、御酒寄合候也

④為音信鹿皮三十枚到来之、悦思召候、遠路懇志不斜、長々在番辛労候、頓而帰朝之儀可被仰遣候間、弥在城肝要候、猶長束大蔵大輔可申候也

「文禄二」八月廿三日　〇「御朱印」

嶋津又七郎（豊久）とのへ

もちろんここで好んで贈答品の対象となるのは、鹿皮や虎皮などであるが、それらの中に「山馬之皮」も入っており、その入手に唐人が活躍していたことが知られる（『鹿児島県史料旧記雑録　後編三』）。

注文

一　虎皮八枚　一　ひうのかわ拾六枚　一　小人嶋六拾八枚

一　水牛の角百六拾本　一　ミやうばん八百斤

右五種者、鹿児嶋・帖佐半分宛可被召上御物

一　鹿皮壱万五千八百九枚　一　山馬之皮三百廿九枚

一　砂糖六千八百四斤　一　紅木四千七百六拾斤

右四種者、鹿児嶋・帖佐半分ツ、分られ奉仁□

手前右唐人前々直成を被相究、商人可被渡也

「慶長八」七月廿三日　伊勢平左衛門（花押）

鹿児嶋御物

▨「此字不相知」（公カ）物御物買日記　但甑嶋ニて

一　鹿之皮三百枚　代銀六百目

一　明礬正ミ三百五拾斤　代銀百四十目

一　角大小七拾壱本　代銀四十八匁六分

一　あをり壱懸　代銀五匁

合七佰九拾三匁六分
外公用百九拾八匁四分
慶長八年八月廿四日
福嶋新兵衛（花押）
中嶋藤左衛門（花押）
服部加兵衛（花押）

江戸幕府自体が朝鮮通信使を通じて大量の皮革を得ていたことは明らかであるが（『鹿児島県史料 旧記雑録 後編四』）、島津氏も琉球侵攻直後、慶長一六（一六一一）年、琉球よりの納物として牛の皮二〇〇枚を要求しており（『鹿児島県史料 旧記雑録 後編四』）、皮革への需要は相変わらず高かった。

そしてそのことから、近世初期においては皮革生産者の地位を特別におとしめることはできなかったと考えられる。慶長一八年のものかと考えられる「古高帳写」（『鹿児島県史料 旧記雑録 後編四』）によると、次のように他の職人と同様扶持を支給されて皮革生産にいそしんでいる。

高四拾三石壱舛五合　　萬細工　　大乗坊

明門壱ツ
高四拾三石壱舛五合　取皮巻　岡村治右衛門殿
右同
高四拾三石五斗七升　紺かき　岩切少堅物殿
やしき一ツ
内十石　職分
高卅石三舛九合　右同　上村主税助殿
内一石　殿役分
高卅石四舛弐合　金細工　岩城与次右衛門殿
内一石　右同
高廿石三舛三合　弓細工　鶴丸弥右衛門殿
門やしき壱ツ
高二十石　萬細工　井畔五郎介殿
同一ツ
高弐拾石　皮や　内田源次郎殿
高三拾石　紺かき　田中与三右衛門殿

内壱石　殿役分
　十石　職分

（「古高帳写」或本ニ慶長十八年高帳と有之）

その待遇は、寛永一三（一六三六）年においても「皮や」も鹿児嶋衆中として屋敷を支給されていることから、変化はなかったもののようであり（『鹿児島県史料　旧記雑録　後編五』）、身分的には鹿児島藩の町人として活躍していたと考えられる。

七　結びにかえて

以上、中世から近世初頭にわたって、南九州における差別の様相を検討してきた。まず中世領主の正月行事に一例を見ることができるように、中世領主の生活にとって、また民衆の支配において、饗応と祝儀の給与が重要であり、その中で慶祝芸能者としての慶賀が一つの役割を果たしたこと、さらに呪術性の濃い風土の中で、やはり慶賀のもつ「清目」の機能が重視されたこと、また死苦村の民衆が活躍し、島津氏の戦闘に参加したり敵対したりしてそれぞれ評価を受けたことなどを明らかにした。しかしながら近世に入り、ようやく平和の時代が到来すると、まず「せいらい」（癩病者を含む皮膚病患者）に対する差別が見られるようになり、それと同時に豊臣政権のもつ近世的性格が中世的呪術性を払拭して天下一統の施策を要求するようになると、慶祝芸能者としての慶賀の地位も次第に変化し、「せいらい」・「死苦」村に対する長吏的役目も強制されるに至ったと考えられる。

そして、近世初頭においてはまだ皮革生産の需要は高く、「かわや」は職人として、藩より扶持を支給されるような地位を得ていて、被差別民衆「かわた」とは一線を画していたと考えられる。

第三章　前近代社会における「触穢」について

一　はじめに

現代社会における部落差別の根元にはケガレ観があり、その象徴として「血筋」ということによる結婚差別が依然として姿を消さない。ケガレとは何かについては、『部落問題・人権事典』（解放出版社）が、歴史学・民俗学・宗教学・文化人類学の観点、それに女性差別の観点から幅広く論じており、問題点を的確に示している。ここではまず近世以前の社会におけるケガレ観の一端について触れ、それとの関連で近世社会における展開を検討していこう。

二　近世以前のケガレ観

日本中世社会の後期におけるケガレについて、永原慶二『室町戦国の社会』で、その具体相に簡単に触れておきたい。

永原によれば「触穢《しょくえ》」の観念は、古代以来の原初的カミ信仰と不可分なものであったとされる。例えば「散所」に対する卑賤視は、鎌倉末期から「掃除」や「池掘」などの下級の土木・造作工事従事者に対して明確に表れてくるところであり、室町期には葬送・屠殺・掃除・下級土木工事関係者・散所・紺屋などへ拡大してくるという。具体的事例として、『日吉社室町殿御社参記』によりながら、永原は次のようなことを指摘した。

①一三六八（応安元）年京都の南禅寺に対して蜂起した山門側が、神輿入洛に備え、西坂の路次を、「近江穴太《あのう》散所法師」に厳命して整備させたという記事があり、「穴太散所法師」は応永の頃、すでに「路次」整備をも本来の職能のうちとしていた可能性が大であると考えられること。

②一三九四（応永元）年、足利義満が日吉社に参詣した時、「今路路作」の役が馬借にかけ

られ、社頭および通路などの掃除役は「六箇条三津浜」の人夫の他に散所法師にもかけられている。そのことは馬借にもまた散所に近い身分的位置づけが行われていたことを示唆する。

③一四二四(応永三一)年には、禁裏山水造営に際し、「植木検知」のための河原者が参候した事実があり、掃除・土木工事・作庭などに関わる職能者も散所あるいは河原者として一定の卑賤視の対象となっていた。

以上の事実から、卑賤視の根源にケガレ－キヨメという観念が存在する限り、「掃除」はまたキヨメの一環として重要な役割を果たしていた、と結論している。

三　中世筑前におけるケガレとキヨメの世界

中世の九州北部に、非人を中心とする被差別民衆が数多くいたであろうことは、充分に推測できることである。聖域としての香椎宮・筥崎宮・太宰府天満宮などを中心として、北部九州に分布している社寺は、当然のことながら信仰の対象としておのれを清浄に保つ必要があり、そのためには穢れをキヨめる集団を維持しなければならなかった。「散所」と「河原者」である。前者は交通の要所や聖域の周辺に住み、寺社の清掃・整備や運送業などに従事しており、後者は河原などに住んでもっぱら芸能や染物・庭づくりなどを生業としていたという畿内地方の知識を前提としてよかろう。管見の限りの史料を挙げて検討してみる。

まず文治三（一一八七）年「筥崎大宮司分坪付帳」（『筥崎宮史料』）に、「さんしょの物ものさい所」を認めていることは、筥崎宮においても寺社の清掃・警備に従事している「散所」の集団が存在していたことを確認してよい。

同様に大内氏の評定衆、杉宗長・竜崎隆輔らの連署書状が、筥崎大宮司が訴えた「エヒス河原」のことを問い糺していることも、「河原者」の存在と関連して重要な意味をもつものであろう。他に事例を挙げることは止めるが、このような「散所」、「河原者」の集団は、当時おびただしく流浪していたと思われる「癩病者」の統制・支配のためにも欠かすことのできないものであった。癩病＝業病観の浸透は、その患者の忌避（隔離）を深めることとなり、その管轄・統制にキヨメの職能をもつ「散所」・「河原者」が当たることとなったと考えられる。

なお、周縁身分の者が芸能のことに従事していたことを、ケガレとキヨメとの関連でもっと明らかにする必要がある。例えば「高良玉垂宮神秘書」は、遷宮の式次第について述べたところで、「大菩薩《だいぼさつ》御出ナキサキニ、座頭、地神ノ経ヲヨミテトヲル也」としていて、御神幸の先触れとして周縁身分の座頭がキヨメの役割を果たしている。このようなキヨメの能力は、正月行事などにおける慶祝芸能にも見られるところであって、中世的呪術性の濃い社会では一定の役割を期待されたのであろう。この高良山における地神盲僧の芸能座「モモタウ」は、市祭の時に高良から運ばれてくる市恵比須《えびす》の神体を建てる儀式を行ったという。高良社が「モモタウ」座やその他の手工業者を通じて市祭を支配していたことが窺える。

四　筑前福岡藩のケガレとキヨメ

福岡藩における「服忌令《ぶっきりょう》」の研究については、二、三の事例を除いて寡聞にして知るところがないが、史料そのものは幸いにして前欠の太宰府天満宮文書（「太宰府天満宮文書」一二）の中に収められている。その一部を引用しておこう。

（前欠）
初めより同居せざれば服忌無し
父死去の後継母他え嫁し、本父離別するにおいては、服忌を受くべからず、但し継母の
親類にハ服忌之無し

一　離別の母　忌五十日　服十三月　日月をかぞえず
一　夫　　　　忌三十日　服十三月　日月をかぞえず
一　妻　　　　忌二十日　服九十日
一　嫡子　　　忌二十日　服九十日
家督を定めざる時は末子の服忌を受くべし、女子は最初に生まれても末子に準ず（後略）

「死穢」については以下省略するが、末子・養子・夫の父母・祖父母・高祖父母・伯叔父姑・兄弟姉妹・異父兄弟姉妹・嫡孫・末孫・曾孫玄孫・従父兄弟姉妹・甥姪・異父兄弟姉妹の子・七歳未満の子などについて細かな規定を加えている。さらに「穢之事」として次のような規定を見ている。

一　産穢　夫七日　姉三十五日
遠国より告げ来り、七日過ぎ候ハ、穢れ之無し
七日の内承り候ハ、、残り日数の穢れたるべし、血荒、流産同断、尤も立《たた》せの産穢の時も同例

一　血荒　夫七日　姉十日
一　流産　夫五日　姉十日
形体之有らば流産たるべく、形体之無くば血荒たるべし
一　死穢　一日
家の内にて人死候時、一間に居合わせ候は丶、死穢之受くべく、敷居をへだて候へハ其穢れ之無し、一間に居合わせ候共存ぜず候へハ穢れ之無し、二階にても揚り口敷居の外に之有り候得は、穢れ之無く候、家なき所に死人之有るは、其の骸之有る地計《ばかり》穢れ候、家主死去候ても死穢の儀差別之無く、死後其の所参り候者ハ骸之有り候共踏合の穢れ也
一　踏合　行水次第
一　改葬　遠慮一日（下略）

さらに「追加」として一九カ条の規定を加えているが、この史料は元禄六（一六九三）年一二月二一日の年紀を記している。服忌令については、村井益男がその大要を簡潔にまとめているので（『国史大辞典』）、以下引用する。

近親者が死没した際、喪に服する期間を定めた江戸幕府の法令。服は喪服、忌は紀で、

年・節と同じく期間を意味する。ほかに、産穢・死穢など触穢に関する規定も付されていることが多い。文治政治を推進した五代将軍徳川綱吉は、儒者林鳳岡に同木下順庵・神道方吉川惟足らを協力させて服忌制度を整備させ、貞享元年（一六八四）二月三十日、服忌令を公布した。同年四月には、幕府の許可を得ずに服忌令を板行した者が処罰されているから、この令が発令後ただちに民間にも流布したことが察しられる。服忌令は、その後、細部について数回の改正があり、八代将軍吉宗のとき、元文元年（一七三六）九月十五日の改訂令で最終的に確定した。この改訂令は、親族の服忌を尊卑・親疎の程度によって六段階に分け、ここに規定された範囲の親族が原則的に親類とされて、種々の法的義務を課された。なお服忌の規定のほか、穢として産穢・血荒・流産・死穢・踏合・改葬の忌日規定が添えられている。幕府の服忌令は武士および庶民に適用されるもので、諸藩においてもおおむねこれが準用されている。ただし、公家では令制の系統を継いだ服忌制度が行われていた。（後略）

これによると、遅くとも幕法の「服忌令」布達一〇年足らずの内に、福岡藩でもその通達をしていることが知られる。またその内容も幕法を忠実に令達している。福岡藩における差別の事象は、諸史料の内容から元禄期に深まるものと考えられるが、幕法に準拠しながら福岡藩でも「服忌令」などケガレを清めるための手段を講じたのであった。これらの服忌は宇佐八幡宮の「清祓い」とも共通するキヨメの行為であった。

そして、それらのキヨメの行為は近世初期から引き継がれてきたものであることが、断片的に史料の上で散見される。例えば筑前天満宮領は、豊臣政権の寺社領陥落政策によって減額されるが、その際の知行配分状を一例挙げておく。

惣高七百五拾石之内配分之事

一　弐百五拾石　　御造営分

一　六斗　　元朔御供　　（中略）

一　五斗　　八月二十日池さらへ　（後略）

（以下略）

文禄四年

極月廿四日　　　　山口玄蕃頭宗永（花押）

太宰府天満宮留守

大鳥居法印

「池さらえ」の仕事に対して五斗の給米を計上しているが、その仕事を誰がしたのかは必ずしも明確でない。しかし中世史研究の成果によれば、川原者など周縁身分の者に充てるのが妥当であろう。

そして、そのようなキヨメの仕事はいろいろな階層に分化していくが、その一端は被差別部落民を排除する規制ともなって現れる。それを示すのが次の史料である。

年代ははっきりしないが、安永期前後のものと考えられる二月二一日森源太夫（家禄高五〇〇石）から延寿王院に宛てられた書簡には、次のように記されている。

（前略）

一　御社辺穢多入り込み候て徘徊の儀、今朝津田へ御内談仕り候、別紙返翰貴覧に入れ候、□□御祭中は穢多ニて八月を限り御祭礼儀仕法相決し候様ニ計らうべく候（後略）

意味するところが必ずしも明らかではないが、「御祭中は穢多ニて」は「穢多」に限って出入りを規制しようとするものでもあろうか。添付された書状には次のように記されている。

一　御祭礼之砌前後、社辺え穢多徘徊致さざる様に去年来仰せ聞かされ置き候処、今に行

き届き申さず、右之穢多徘徊之由、当月より屹度御社辺相みへせず候様と思召し候

祭礼前後に「穢多」が徘徊しないように規制がなされていたことを伝えている。

二月二二日津田源次郎（家禄高一〇〇石）から森源太夫に宛てられた書状には、その間の事情をさらに詳しく述べている。

（前略）

然らば仰せ聞かされ置き候宰府神祭之刻、穢多共社辺徘徊致さざる様之儀、昨日延寿王院より申し来る由、承知仕り候、天野方へ早々申し出置き候、大庄屋にも申し付け置き候間、徘徊仕らず候て御座有るべく候間、左様思召し下さるべく候（中略）先当祭礼穢多共徘徊差留め然るべく存じ奉り候

八月二四日には宛先・差出人とも不明の書状で、次のように博打取り扱いについて指示するところがあった。

（前略）

尤も博奕取り扱い候者示し方之儀、社内・町並みともに同様に是有り度き儀勿論ニ候間、右之趣同院へ仰せ達し置かれ遣わさるべく候

この八月二四日の博打取り締まり令については、八月二三日夕刻、大野嘉兵衛（家禄高七〇石）から延寿王院に宛てた書状が添付された。

然らば社辺博奕筋徘徊致し候者、別して此の節多く御座候ニ付き、町廻りの片野村の者共へ稠しく政道致すべき旨申し付け置き候、御存知の儀候通り、已前より年々右の者へ申し付け、政道仕らせ来たり候処、当春は社辺へは穢多共入り申さざる様と談義ニ御座候由申し出候につき、其の通りニ仕り相止めさせ置き候得共、前にも申し述べ候様、此の節は格別多く、殊ニ御池近辺えも入り込み居り申し、不届き千万の儀ニ付き、役者共へ重畳申し付け置きたる儀ニ御座候、拙者手元少人数旁中々行き届き申さず、右の通り申し付け候、此の節の御祭礼中は前の通り思し召され、其の通り御聞き通し置かれ遣わされるべく候、当年箱崎等至って稠しく政道之有る旨候、然らば当地不埒の儀ニても相済まず候付き、彼是別して稠しく申し付けたく、追って後日に御面談の節も出来申すべく候、右の趣御家来中へも仰せ置かれ遣わされるべく候、此の段貴意を得べきため此

の如く御座候、已上

史料の意味するところは、太宰府天満宮の周辺に博打打ちの者が徘徊するので「町廻りの片野村の者共」へ厳しく取り締まるように指示したというものである。ここで注目すべきことは、当年春に天満宮周辺へ「穢多」どもの立ち入りを禁止することが話し合われたが、本年は博打打ちの者どもが格別に多く、御池付近まで立ち入る有様で少人数ではとても手が回りかねるので、「片野村の者共」へ従来通り取り締まりを命じた、としていることである。筥崎宮でも同様厳しく取り締まるということであるが、「博打打ち」というケガレを「町廻りの片野村の者共」へキヨメさせるということであろう。

「町廻りの片野村の者共」へ厳しく取り締まることを命じた藩政担当者の措置に、太宰府天満宮側では必ずしも賛同していなかった。八月二四日、延寿王院より森源太夫宛に提出された書状には次のように記されている。

（前略）
然は此節祭礼ニ又々社辺え穢《（ママ、多脱カ）》相廻り、何哉相障仕る儀も是有り候ニ付、家頼指出し相尋ねさせ候処、大野嘉平より之裁許を以て相廻り候由申し候、右穢多廻り候儀は、去年卒度申入出候処、津田氏仰せ入れられ候て相止め居り申し候処、亦々此節相廻り候ニ付、定て源次郎殿よりも指免され候類儀ニ御座有るべき様存ぜられ候、併社辺え穢多相廻り候儀はいつれ宜しからず候条、相心せられ候様ニ御座有りたく存じ候、此の段源三郎方へ重畳仰せ合わされ下され候様ニ頼み奉り候、右之趣一昨夜委敷御書通り村次指出し、昨廿三日夜迄ニ御返書下され候様申し述べ候処、其の儀御座無く候、定て村次之遅滞ニて御返書延引仕り候て御座有り候哉と存じ候ニ付、又々右之次第貴意を得、惣て社辺之儀強て嘉兵衛方より才判ニ及ばざる儀候様ニ存ぜられ候、此方請持之儀勿論之事候条、又々別よりケ様之儀才判相加り候ては却てやかましき儀多く出来候、若又社辺ニて何事ケ《（カ）》之有候ても、強て嘉兵衛方大無念ニも相成る間舗《（まじき）》筋道ニと存ぜられ候（後略）

この書状に対して森源太夫は、同日次のような返書をなした。

御本文之趣具ニ拝見仕リ候、穢多之輩大野より差し出し候壱件御状、今廿四日巳刻相達し拝見仕り、早速津田源次郎方へ申し達し、源次郎申す儀返書ニも前刻申し達し候儀ニ御座候、今日甚多用、貴公ニ付紙を以て御答に及び候段、聊か御容然下さるべく候
（後略）

結局、藩政担当者の返事は、誠に冷たいものであった。このような神威を無視するような藩政担当者の態度を、しかし太宰府天満宮側は結局どうすることもできなかったと考えられる。その後、これに関連する記事は見かけられない。後年のものかと考えられる太宰府天満宮からの「申出覚」は、次のような社会状況をどうすることもできない事態に追い込まれていた。

一　太宰府社地え、旅人又は御国遠郡之執行者・非人・乞食類之者入り込み多く、山林之端々・堂社之側等え舎居候て、間ニは病人・行斃・変死等仕り候節、本国へ送方又は取納之次第是迄得と仕法も相立て居り申さず、差し懸かり右体之節甚だ当惑仕り候儀、近年儘之在り候、既に去る十月日田御料者之由、切手持ち居り候横死人なと上えも委敷申し出、聞こし召し届けられ候通り、甚だ難渋仕たる儀ニ御座候、右ニ付左之通り仕法御立テ置き下され度存じ奉り候

一　社頭・境内・山林の端々え暮哉、旅人之病人且つ死人等之在る節は、鄙院家来之者一両人並社領庄屋差し出し、往来切手之有無等相改め、左之口々へ送り出し申すべく候条、右口々之宿役之者庄屋等受け取り候て、其先々え宿次ニて御国境迄送り出し候様仕度候間、其の宿は村々之役目ニて先々へ相送り候様ニ仰せ付け置かれ下され度候（後略）

このように社地へ旅人や執行者・非人・乞食類の者が多数入り込んで、山林端や堂社の脇に住み着くことは、中世の宇佐八幡宮でも多く見られたことであるが、時代をかえて同じことが近世中・後期の筑前でも現れたのである。

以上、検討を加えてきた元禄期の服忌令によるケガレの規制と、安永期前後における被差別民衆の太宰府天満宮神域からの排除は、当時の一般的な社会風潮を示すものではあるとはいえ、当時の民衆の差別観念を深め、近・現代社会の現在に至ってもなお禍根を深く残している問題の一部である。

第四章　中世との連続と非連続

一　はじめに

最初に丹生谷哲一の「中世における他者認識の構造――非人の問題を中心に」(『歴史学研究』)を手がかりにして、それと横田冬彦の「賤視された職人集団」(『日本の社会史』第六巻)で明らかにされていることをつなげて考えてみる。

丹生谷は、「非人」集団が乞食僧・「非人」・不具者・癩者という重層的構成をもっていたことを前提にして、起請文の罰文を「非人」のみが共有しなかったこと、また「河原」の地に集住する人々が「人交り」を絶たれた存在であったことなどを明らかにしたあと、一一―一二世紀、中世社会の形成過程で、本来は「身分」とは何ら関係なかった癩者・不具・病者らの、「非人」への身分的転落という事態が進行したことを論じた。また別なところで「本来穢れ視されていなかったこれらの職能が、穢れ視されるようになる社会的背景の中で、その機能の担い手として、「非人」という新しい身分が、析出・編成されてくる」とも述べている。

この中世社会における「非人」身分の形成が明らかにされたことは、近世における被差別民衆の形成過程も、単なる中世「非人」の連続なのではなく、近世被差別民衆の新しい形成のコースとしてとらえられる一面があるのではないかということを示唆してくれる。

他方、横田冬彦は、ほぼ一六世紀には、「草場」を経営基盤に、「かわた」は職人としての自立を始めるとされ、その場合地域差があって、①畿内先進地におけるケガレ観にもとづくキヨメの成立と職能分化による「かわた」の成立、②キヨメ段階を経ない、自生的な農工分離の展開による成立、③農工未分離のままに、先進地の「かわた」が招致され、上から強行的に設定される場合の基本的なコースを提示した。

そこでまず、丹生谷が明らかにした癩病者・「非人」と宗教関係者との関わりを戦国期を中心にしてその具体的な姿を取り上げ、それが幕藩体制の成立、殊に徳川政権によるキリシタン弾圧と寺社の体制化による宗教関係者の後退、そして、一六世紀に自立を始めた「かわた」集団が、その長吏的性格のゆえに一七世紀初め癩病者・「非人」の管轄者として位置付けられるようになり、近世被差別部落民衆の新しい秩序が形成されたのではないかということとを考えてみる。

二　中世社会における癩病者

まず戦国期の被差別民衆と宗教関係者とのかかわりについて、外国文献資料の検討から始める。

資料1　一五九一・九二年度「日本年報」（第一期第一巻）

ロケと称する者は、堺に一病院を設け、各地から来た癩病者たちを受け入れて看護し、その多くの者に洗礼を授けた。

資料2　一五九六年度「日本年報」（第一期第二巻）〔尾張国〕

ついに彼女は忌まわしい重病になり、それは全身の癩病と思われ、いかなる薬によっても治らなかった。この優れた婦人は非常に激しい苦痛に苦しめられ、他人の力添えがなければ寝返りすることもできなかった。母親はこのことを知ると、しきりにこう願った。健康を回復させるために自分の家へ運ぶことを許して欲しい。キリシタン宗門については極力黙っておくことを条件とすることを約束するから、と。

資料3　一六〇三・〇四年度「日本の諸事」〔第一期第四巻〕〔筑前国秋月〕

非常に年老いた或る異教徒の女との間に同じようなことがあった。彼女は忌まわしい病気のため今にも死にそうだったために、或る城の濠の中へ、死に果てるようにとまるで駄馬ででもあるかのように投げ込まれていた。

資料4　一六〇六・〇七年度「日本の諸事」〔第一期第五巻〕〔肥後国有馬〕

或るキリシタンの若者がレプラ（lazaro）になりかけたところ、異教徒たちから、治りたければ、或る仏《ほとけ》のもとに参詣に行き、加護を求めれば、すぐに治るであろう、と忠告され説得された。その信仰の薄いキリシタンは、健康への希望と、かくも大きな不幸から自由になりたいとの望みに動かされ、異教徒たちに勧められたとおりにした。その仏のもとに行き参詣を果たし、帰途についたところ、その道すがら不意に全身がレプラ（の病状）になり、肉体のどこも健康な部分がほとんどなくなった。

資料5　一六一二年度「日本年報」〔第二期第一巻〕〔山城国〕

彼らは、我らが主の二つの兄弟会とミゼリコルジア会において恩恵を受け、必要が生じた場合には、現世のことのみならず、精神的な困窮についてまで常に互いに助け合った。都にあって、聖ラザロの病（レプラ）に冒された貧民たちがいる五、六カ所では、髪を刈ってあげたり、必要な品を与えたりした。その病が、日本人にとっては非常に陰気なものであることも気に留めずに。それらの家々には三〇〇名ほどのレプラ患者が諸国から来ていて、そこに住んでいる七人がキリシタンとなり、大部分の時を、恩恵を施してくれる人たちのために祈りながら過ごしている。

ここに掲げる史料五点は、松田毅一監訳のもとで初期に刊行されている『十六・七世紀イエズス会日本報告集』六冊から寓目したところを引用したが、それによるとキリスト教の救済の対象として癩病者がいかに多くの部分を占めていたかが窺われる。その報告の地域も東海・近畿・九州と広汎にわたっており、それが「業病」としていかに民衆の心に深く重く滞っていたかを推測できよう。同様な記事は一五六一年の『耶蘇会士日本通信』など他にも見ることができるものであり、レプラが真摯な宗教者の最大関心事の一つであったことを知ることができる。

そのことは仏教者の場合も同様であった。次の史料はポルトガルの商人ジョルジェ・アルヴァレスが執筆した『日本報告』(岸野久『西欧人の日本発見』収録)の一部である。ジョルジェ・アルヴァレスは日本人アンジロウをザビエルに紹介して、ザビエルの来日を促したことで有名であるが、薩摩国山川港で見聞した寺院について、「何人かの身体障害者や病人が……これらの寺院で働き、数珠を作る。これらの坊主たちは彼らの医者である」と記している。

キリスト教とは違った形で寺院や僧侶が癩病者の救済に乗り出し、また管轄していたと言えよう。

資料6　ジョルジェ・アルヴァレス『日本報告』〔薩摩国山川港〕

寺院には老婆がいて、彼らに食事を作る。何人かの身体障害者や病人が村々を一軒ずつ食物を求めて歩く。彼らはまたこれらの寺院で働き、数珠を作る。これらの坊主《ボンゼス》たちは彼らの医者である。

資料7　ジョルジェ・アルヴァレス『日本報告』〔薩摩国山川港〕

月経になると何ものにも手を触れず、用足しの時の他、一カ所から動かない〔赤不浄〕。女奴隷や下女の場合には、月経の期間、これが済むまで一人で家〔忌小屋〕に閉じ籠っている。さらに、私が聞いたところでは、女性が流産した場合、三〇日間家から出ず、誰もその女性と話さない。ただ、米や水や薪は窓越しに与えられ、彼女はそれで食事を作り、この期間は誰も彼女と話をしない、という。

もちろん、すべての宗教者が癩病者に偏見なく臨んだのでないことは言うまでもない。例えば一休の『自戒集』に兄弟子養叟を誹謗したものがあるが、癩病を「法罰」として、それに罹った相手を口汚くののしっている（水上勉『一休文芸私抄』）。同様なことは一三三五年、日向国日蓮宗定善寺の僧日我の「六ケ条謗法事」（『宮崎県史　中世編』一）にも現れており、当時の僧侶の中で癩病者が一般にどのように見られていたかをよく示すものであると言えよう。

また、北野社家の宮仕岩千代が癩病となったために「非人」へおとされて、「番帳」に記帳されたことが記されている（『北野社家日記』、『史料纂集』、『続群書類従』所収）。『日葡辞書』のカワラノモノの説明に「また癩病やみの者に対する監督権をもつ者」という定義の具体相は、鹿児島藩の「死苦」にも中世・近世初期には当てはまるように考えられる。

丹生谷哲一著『検非違使』が、中世「非人」の種類を、(A)本所非人、(B)散所非人、(C)悲田院非人、(D)坂・宿非人、(E)散在非人として、狭義の「非人」はC・D・Eであり、「Dの坂・宿非人についてみても、その長吏層は癩者・不具であったわけではなく、寺僧クラスでもあり得た」と定義しているのは、大変興味深いものがある。「非人」・癩病者を統轄する者が、坂・宿「非人」や散在「非人」を対象とする場合に、中世では長吏・寺僧などであったが、それがいつ頃から権力者の手に移るのか、そこに中世と近世との連続・非連続の問題、すなわち近世における被差別部落成立の問題を解く鍵が潜んでいるような気がする。

そこで以下、『編年差別史資料集成』によりながら「非人」の統制を中心にその間の事情を検討してみよう。

三　「非人」の統制

寛永二（一六二五）年、弘前藩は領内の「穢多・乞食・非人・袖乞・癩人」の調査を行っているが、「穢多」・乞食・「非人」・袖乞などとともに、「癩人」三軒へ住居移転を命じている。藩権力が直接被差別民衆の把握に政策志向を向けていることが知られる（「弘前藩日記」、『黒石地方誌』所収）。

また寛永一六（一六三九）年、摂州八部郡の神事の際、「夙《しゅく》の者」が先例を破って袴を着けたので「皮田より申付候が作法有之候間、むかしの作法に申付よと被仰候」と先例を守るように命じられている。

口上覚

乍恐申上候

一　摂州八部郡の氏子神生田大明神様にて御座候、此明神之御神子八月廿日にて兵庫の渡田の崎へ御行に付、夙の者先年ハはちす打かける敷皮を付て毎年の御神事ニ先払仕候ニ、其大法をやぶり袴を着申候所に、大明神様のかんの衆達村々之れき〳〵の御意に夙者共作法やぶり申候へハ、皮田より申付候が作法有之候間むかしの作法に申付よと被仰候、此義を皮田共申付ず候におゐてハ皮田共昔よりの作法をちがへとり、神輿をか丶セ間敷と申付られ迷惑仕候処に、夙ハ大ぜいにて道具を以て事之外おびた丶敷候へハ我等ハ小人数にて候、其上御公儀様を憚其日ハ打過候御事（中略）

寛永十六年卯九月

（兵こ役わり）皮田中
善右衛門印
新兵衛印
喜右衛門印
左右衛門印

進上御奉行様

（「(仮) 生田神社祭礼に付争論」、『兵庫県同和教育関係史料集』第一巻）

「夙の者」が畠山民部の支配下にあることで、支配違いを理由に皮田の統制に服しなかったものと考えられるが、この頃すでに皮田が「夙の者」を統轄する者として権力者にとらえられていたことを示すものであろう。

慶安四（一六五一）年には、京都の蓮華王院の「制札」で「御堂廻、築地門之近辺」に乞食「非人」が寝臥することを禁じているが（「京都蓮華王院制札」、『近世法制史料叢書』所収）、その箇条が「乞食・非人たりと雖えども」と断わっているところを見ると、従来は禁じられていなかったかまたは規制が緩やかであったものが、慶安四年から厳しくなったのではないかと想像される。そのことは、例えば筑前の遠賀郡でも、郡代より「非人・乞食等之者寝泊停止之事」という高札が慶安四年六月達示されており（「筑前鎮守　岡郡宗社志」、『福岡県史』近世史料編年代記（一））、あるいはその社法の内容が全国的に布達される性格のものであることも想像させる。

したがってこの頃までに、「非人」や宿の者などの被差別民衆を統轄するものであった寺社関係者が背景に退いて、幕藩権力が正面に現れてきたと考えられる。

この転換は、近世初頭におけるキリスト教の弾圧と寺社関係者を幕藩制の中に取り込んだことによって、宗教者が坂・宿非人や散在非人の救済者＝統轄者として機能し得なくなったことの政治的表現であったとも言えよう。「板倉家御歴代略記」（『福島市史　資料叢書』第二九輯）によると、寛文九（一六六九）年、東山河原北野本松に仮小屋を設けて施粥《せがゆ》を行った時、「貧人・出家・非人・癩人四段ニ分チ、一所ニ混雑セサラシメ」たと記しているが、被差別民衆の中の細分化は身分統制の強化の一端を示すものかと考えられる。

天和元（一六八一）年には鳥取藩で「惣て旦那無之非人は、此度宗旨寺可被相極候」（『藩法集』二・鳥取藩）と「非人」の旦那寺登録を義務付けているが、これら一連の「非人」統制策は幕藩制社会の身分秩序を最終的に仕上げるものであった。

元禄期、岡山藩に見られる「非人払の穢多」（『藩法集』一・岡山藩上）や、寛文九（一六六九）年加賀藩の藤内頭による「非人」の統制など（『加賀藩史料』第四編）は、「非人」の管轄者として近世の被差別部落民が定着してきたことを示すものであろう。

享保四—六（一七一九—二一）年、「非人」頭車善七が弾左衛門支配から離脱しようとして訴訟で敗北したことは有名な話であるが、それ以前江戸の「非人」頭は慶安五（一六五二）年頃に勧進場をめぐって出入りを生ぜしめ、えた頭弾左衛門の配下に繰り入れられたという。

四　おわりに

中世社会においては、癩病者・「非人」などを中核とする坂・宿「非人」、散在「非人」を宗教者は救済と管轄の対象として臨んだが、近世初期キリスト教の弾圧と寺社の体制化により、宗教者は全面的に後退し、そのあと寛文・延宝期以降、癩病者・「非人」の管轄者として皮多・藤内・長吏・慶賀などと呼ばれた被差別民衆が現れてきた。そのことは被差別部落（あるいは「穢多」呼称）の成立の内容であったのではないかと考えられる。表現が適切ではないが、癩病者・「非人」という被差別集団の管轄者となることによって、「かわた」集団が明確に被差別部落民として差別されるようになったのではないか。

そして南九州における慶賀村と死苦村の重層的構造が、決して南九州の特殊事例ではなく、近世の被差別部落形成の普遍的原理を指し示しているようである。慶賀村と死苦村の重層的構造については別に発表するが、中世との連続・非連続をめぐってまとめ直すと、次のように言えるかと思う。

すなわち南九州における「死苦」村は、他の地域の「宿」村（夙村）と同じように「非人」系統（殊に癩病者を含む）の村であり、清目の職能を有していて、遅くとも戦国期にはその職能の故に大名権力から重宝がられ、土地給免などの保護を与えられていたという伝承が多い（第一編第二章「南九州の慶賀とその周辺」参照）。「非人」は清目の職能のみならず、敵方の情報蒐収や犯人追捕も、まさに「非人」であることによって可能であり、戦国大名も無視できない存在であった。

他方慶賀は、慶祝芸能者としての職能から戦国大名の正月行事などの吉事には領主館に招かれて、酒宴を共にしたり、連歌の席に連なったりする存在であった（『上井覚兼日記』全三冊、東京大学史料編纂所編）。南九州のような呪術性の濃い社会では、戦闘にあけくれする武士にとって欠かすことのできない存在であったと言える。したがってこの時期、慶賀が賤視されていた度合いは低いのではないかと考える。

それでは、なぜ近世社会で慶賀が「死苦」と並んで被差別部落に編入されたのかということになる。慶賀がいつ頃から賤視されるようになるのかはっきりしないが、慶長―寛永期には未だ伊勢参宮して仮名を改めたりしているところから考えると、それ以降のことかとも推測される。近世後期、鹿児島の慶賀両名から提出された覚書によると、「せひらい慶賀」という呼称は、「祭礼慶賀」の唱え違いではないかと申し立てているが、むしろ藩役人の下問にあった「せひらひ慶賀」の方が真実に近いのではなかろうか。慶賀が何らかの形で「せひらひ」（生癩）にタッチした、あるいは「せひらひ」の管轄をなすようになった、そのことが慶賀を被差別部落へ編入させて、南九州における近世被差別部落を成立せしめたのではないかと考える。

結論としてまとめると、被差別民衆について中世と連続する面については「非人」集団の存在ということになるが、その管轄者が戦国時代の戦乱の中で宗教関係者に担われていたのに対して、近世社会、殊に徳川政権期のキリシタン弾圧と宗教関係者の体制化によって宗教関係者が後退し、新たな「非人」集団の統轄者として慶賀や長吏・皮多に代表されるような被差別民衆が大名権力に把握され、近世の被差別部落が成立したと考えられる。そこでは中世との非連続の面が強調されることになるが、「非人」集団をベースとしていることでは連続の面もあり、したがって近世の被差別部落の成立に際しては、連続と非連続の両面性を有していたと言えよう。

第二編　被差別部落の展開

第一章　延岡藩の被差別部落

一　はじめに

近世被差別部落の存在は、藩政の規定を強く受けたものであった。しかしそれらがすべて藩領域の枠の中に閉じ込められているのではない。

まず、延岡藩における文政一一（一八二八）年以降の人口変動について、表2－1で検討を加える。

延岡藩領域は高橋五万三〇〇〇石、有馬五万三〇〇〇石、牧野八万石と交代が激しかったが、延享四（一七四七）年、内藤七万石の成立により、その後は内藤氏の藩政が廃藩置県時まで続いた。他方、豊後国大分・国東《くにさき》・速見《はやみ》郡の二万石は、正徳二（一七一二）年から牧野領となり、延享四年以降は内藤領となった。したがって延岡藩の下層民衆支配は、遅くとも

表2－1　日向国延岡藩の被差別民衆の人口変動

	放浪芸能者								帳外			総人数
	盲僧	座頭	盲目	盲女	ごぜ	道心	禅門	尼	慶賀	穢多	非人	
	人	人	人	人	人	人	人	人	人	人	人	人
文政11年	26	12	14	3	10	13	100	25	18	207	142	112,672
弘化4年	27	10	2		6	13	56	7	19	227	168	116,301
安政6年	25	8			7	11	47	4	19	237	185	118,210
万延1年	30	7	1		7	11	45	4	19	237	190	118,036
文久1年	24	7	1		7	11	44	3	19	235	197	117,859
3年	22	7	1		7	9	34	3	19	223	208	117,166
元治1年	21	7	1		7	10	31	6	19	220	213	117,469
慶応1年	22	7	1		7	10	30	5	19	220	268	117,714
2年	24	6	1		7	11	27	5	18	220	284	118,945

史料：「御領分宗門人別勘定帳」（明治大学刑事博物館蔵内藤家文書）

牧野領時代以前の人別把握をそのまま踏襲したものと考えられる。その特色は、延岡藩の「御城附」（城下とその近郷六六カ村）と宮崎郡域に比べて、豊後国の国東・速見・大分三郡の様相が相当に異なることである。延岡藩領域が牧野時代までは同一であったことを考えると、牧野成央《なりなか》入封（一七一二年）以前にこのような被差別民衆の権力的把握がなされていたと言える。その違いは、前者、特に「御城附」で「非人」の流入が激しいことと、盲僧や道心などの放浪芸能者の多さである。おそらく延岡藩の城下町が下層民衆の吹き溜りとなっていたことを推測させるものがある。宮崎郡の場合、帳外者として、慶賀・「えた」という鹿児島藩でも使われていた身分呼称が現れる。このような延岡藩南部の状況に対して、北部の豊後国領域の三郡は

「えた」と禅門《ぜんもん》・尼（禅尼）が圧倒的に多い。道心・禅門・尼いずれも乞食僧尼であり、生計は門付《かどづ》けで立てていたのである。このように藩領域の南北で身分呼称が異なることは、被差別民衆の管轄が藩領域で一律に行われるのではなくて、従来の差別の慣行に即してなされたことを意味する。

ただ被差別民衆の流動性は、必ずしも藩権力に充分に把握されているとは言えない側面をもつ。それは生業が門付けや細工などの渡り職人であったりすることから、持株化して定住している「えた」・「非人」とは異なって、各地を放浪して歩くことによるためである。定住化している「えた」・「非人」であっても、近世期を通じて全般的に増加傾向にあることは九州部落史の特徴であるが、その数がつかめない野「非人」や放浪芸能者、渡り職人などが九州へ流入し、増加していることは、間違いないところであろう。それらの一端は、犯科帳や諸事件の口上書などにおびただしく記されているところである。

二　藩政と被差別民衆

まず近世後期における延岡藩の社会状況について、二、三概観しておく。

近世中・後期の城下町延岡について、普通の町家には町の人々だけではなく、近隣の村々から流れ込んできた人々が滞留し、後に都市下層民として把握される集団が存在したことが明らかにされている。都市下層民は、侍屋敷やその長屋にも住み込んで、石屋・日雇・指物《さしもの》師《し》・横駕籠《よこかご》渡世の労働に従事していた。一般に城下町は、周辺農村との有機的関連をもつことによって、その城下町としての機能を一層強化するものであるが、延岡においても例外ではない。

文政二（一八一九）年から慶応二（一八六六）年までの延岡と近郊農村岡富村の人口変遷を見ると、延岡七町の人口が多少のバラツキはありながらも、停滞ないし減少傾向を示すのに対して、岡富村は一貫して増加している（小松郁夫「［附論］城下町延岡とその周辺」）。岡富村の身分別変遷を辿ると、流入してきた人々の基層をなすのは、具体的には「帳外非人」であり、その増加は著しい。そのことは延岡藩の下層民人口の変動（表2－2参照）の中でも、端的に指摘できるところである。ここで誤解を避けるために一言付記すると、岡富村の人口すべてが下層民衆とか「帳外非人」の数を示すのではなく、それらが少数集団であることは断るまでもない。同様なことは本編全体についても言えることであって、日向の被差別民衆の数は、本村の中では少数を占めるのみであり、それだけに被差別民にとって差別は厳しいものとなる。

前述したように、放浪芸能者や帳外者のうち、慶賀・「えた」の被差別民衆に比較して、

表2－2　城下町延岡と岡富村の人口変遷

（1）延岡と岡富村の人口変遷

村　名	文政11	弘化4	安政6	万延1	文久1	文久3	元治1	慶応1	慶応2	明治2	高（明治2）
南　町	542	544	538	538	535	531	518	505	503		延岡町
中　町	443	370	405	418	422	401	401	397	395		
北　町	327	355	322	330	354	336	329	314	310		
柳沢町	448	439	429	447	449	459	466	454	462		
元　町	130	155	110	121	117	122	121	118	107		
紺屋町	274	305	256	260	252	254	251	246	245		
博労町	272	279	285	279	282	281	282	280	284		
岡富村	2,190	2,336	2,479	2,498	2,505	2,532	2,552	2,553	2,577	6,453	2,027石余

（2）岡富村の人口構成と変遷

	文政11	弘化4	安政6	万延1	文久1	文久3	元治1	慶応1	慶応2
男	1,119	1,162	1,225	1,251	1,269	1,266	1,268	1,276	1,294
女	1,030	1,131	1,227	1,218	1,217	1,245	1,264	1,254	1,261
出　家	20	22	16	15	5	4	4	5	5
山　伏	12	12	7	10	10	12	11	13	13
医　師	1	—	—	—	—	—	—	—	—
盲　僧	6	7	3	3	3	4	4	4	3
座　頭	1	1	1	1	1	1	1	1	1
道　心	1	1	—	—	—	—	—	—	—
帳外非人	130	165	179	184	181	193	199	254	269
	男 70 女 60	男 92 女 73	男 93 女 86	男 92 女 92	男 84 女 97	男 89 女104	男 92 女107	男120 女134	男127 女142
合　計	2,190	2,336	2,479	2,498	2,505	2,532	2,552	2,553	2,577

資料：小松郁夫「［附論］城下町延岡とその周辺」（『譜代藩の研究』所収）より転載

「非人」の増加は注目すべきものがある。このような人口動態をもたらしたものは、当時の社会における商品流通の活性化である。その間の事情を諸種の手形・銀札の流通でその一端を知ることができる。

延岡藩の豊後地域では、他領との錯綜した関係から、いろいろな手形・銀札が流入し、国東郡では米預り手形や胡摩《ごま》切手などが通用していた。延岡藩では統一的な通用手形をもたなかったので、例えば高千穂村は以前から豊後竹田銀札（岡札）が流通し、文化一四（一八一七）年以降度々の禁令にもかかわらず流通した。当時延岡藩で非合法とされた岡札の他、千歳札、延岡札が入り混じった通用となり、複雑な状況を見せている。

豊後地域においても錯綜した支配関係から、弘化・嘉永期には岡札・府内札・臼杵札・鶴崎札・博多屋札・七八札などが混用されていたという。また延岡藩の通貨政策は、延岡藩の専売制と密接に関連しており、その中でも紙方会所、皮方会所（牛馬・猪・鹿皮など）のもつ重要性が指摘されている。その流通統制のために、藩内に二一カ所の口屋番所と八カ所の小口屋番、一三カ所の小道番、それに庵川《いおりがわ》村の遠見番所も含めて四三カ所に及ぶ出入の検問所が設けられていた（渡辺隆喜「幕末期延岡藩の財政改革と通貨政策」、前掲『譜代藩の研究』）。

これらの延岡藩における商品流通の活発さは、当然のことながら幕末期の被差別部落の生活にも多大の影響を与えるものであった。

ところで、領主内藤家は入部後延享五（一七四八）年、町中掟書を定めたが、手形を所持しない他領の「非人」や乞食、鉢たたき、伊勢参りの偽者、物真似などの放浪芸能者などを厳しく取り締まるところがあった（『日向国史』下巻、以下藩の政策については同書による）。安永八（一七七九）年には、領内の「えた」・「非人」に対して水色浅黄の半襟を付けて「平人」と区別できるよう強制している。寛政元（一七八九）年にはその差別政策をさらに強化して、平人と交際することを禁じ、勧進札と水色浅黄の半襟を付けるよう再度指示をしている。文化五（一八〇八）年には、一〇月二四日、藩財政の窮乏を反映して豊後の延岡藩町人たちが冥加金を上納するよう申し出ているが、「えた」頭の忠兵衛が毎年銀四三〇匁を上納することを申し出たのに対して、藩は一二月九日に至り漸くそれを許可したのは明らかに差別観念によるものであった。

三　行刑役務の補助

延岡藩において、「非人」がもつ役割は大きい。それは三浦時代の元禄期からそうであった。延享四（一七四七）年一〇月、「非人」頭《かしら》平五郎・平助両人から提出された口上書（「万覚書」内藤家文書、明治大学刑事博物館蔵）には、その事情が次のように述べられている。

三浦時代、市兵衛・勘平両人が「非人」頭に任じられたが、勘平は領外へ転出してしまい、市兵衛は死亡したので、代わりに平五郎・平助両人が「非人」頭となり、牧野時代も同様にして毎年大麦六俵宛扶持を支給されてきた。支給の際は藩の蔵から京口御門まで岡富村庄屋方の人足が運び、門外で「非人」頭両人が受け取るという差別がなされていた。また廻り扶持（巡回手当）は、三浦時代から一カ月赤米三斗宛支給されている。また役務に応じて、不時（臨時）廻りの時は赤米五合宛、追払者《おいはらいもの》護送について門川口までの場合白米一升宛、豊後口までの場合白米二升宛支給された。町人・百姓からは給分として「勧進《かんじん》」一通りとしている。

役務の主なものは、無宿者の盗みについては町小頭の許可を得て場合により殺害すること、町人・百姓については悪事をなした場合逮捕すること、仕置者の後始末、曝《さら》し者の番、無宿者の改めなどであった。また磔《はりつけ》の場合は豊後国から処刑執行者として「えた」を雇い入れるが、延岡藩の「非人」は牢屋から刑場まで罪人をもっこに乗せて運ぶ役目を果たしている。

延岡藩の刑罰は、石川恒太郎によると（『延岡市史』）、「非人」以外に対するものと「非人」に対するものとがあり、「非人」に対しては死罪と追払との二種類であるが、「非人」以外に対する刑罰は種類が多かったという。その種類を「罪人御仕置仕様之事」（小寺鉄之助編『近世御仕置集成』）は次のように挙げている。磔、獄門《ごくもん》、入墨《いれずみ》、敲《たたき》、追払、於牢屋討首《ろうやにおいてうちくび》、曝《さらし》、永牢《えいろう》、過怠牢舎《かたいろうしゃ》、七町引廻《ひきまわし》の上永牢、閉門《へいもん》、閉戸、戸〆《とじめ》、逼塞《ひっそく》、遠慮《えんりょ》、過料《かりょう》、押込《おしこめ》、禁足《きんそく》、慎《つつしみ》、式禄田畑取揚《しきろくたはたとりあげ》、剃髪《ていはつ》、脱衣追払、叱《しか》り、過怠、闕所《けっしょ》、商物取上御咎《あきないものとりあげおとがめ》などである。以下、その中で「非人」が関与する主なものについて説明する。

○磔は、罪が決定すると、同心小頭《どうしんこがしら》宅へ「非人」頭を呼び出し、密かに処刑に必要なものを用意するよう命じる。罪人が領内の者の場合、村方の者であれば郡奉行、町方の者であれば町奉行が、処罰の内容を申し渡し、刑の執行は町奉行、同心小頭が出役する。検使としては者頭《ものがしら》、大目付、軍使が当たった。町奉行には並長柄《なみながえ》二人・中間二人が付属する。そして牢屋の近くに町奉行の立宿を一軒建て、当日は町奉行と同心小頭は早朝に出張し、罪人は牢番が死縄を掛けて早朝に引き出す。そこで検使と町奉行とが牢屋の門内に入る。罪人は本牢前の白洲《しらす》で、町同心、牢番、「非人」で支度をさせる。髪は「非人」結びとして中門を出て町奉行所前通に出し、そこで町奉行は検使に、罪人引き渡しの挨拶をする。それから罪人を「非人」共の手で縄カルコ（軽駕籠）に乗せて担ぎ出すが、途中の行列は者頭

（騎馬）、若党（鎗持）、草履取り、先手一〇人、軍使（騎馬）、大目付（騎馬）、罪人、縄取、若党、鎗持、草履取、長身鎗、首札、下目付、草履取という物々しさで刑場に行く。罪人は目隠しをして、「非人」が罪人を一丈三尺五寸の柱に乗せて両腕、手首、頭、両足を苧《お》縄《なわ》でくくりつけ、両脇腹に墨で印をつけて柱を押し立てて、土俵で根を詰めて動かないようにする。牢番二人は襷《たすき》を掛けて長身鎗を持ち、「非人」に水をかけさせて、罪人の胸腹筋違《すじちが》いに鎗を試して引き、また胸板を打って引き、墨印より罪人の左を先に、右を後に突き、両肩へ抜く。それから左右の鎗を抜いて、先鎗の者が咽《のど》を突いて後鎗で目隠しを刎《は》ねて眼玉を見えるようにすると、下目付が進み出てその死を見届け、大目付に事の次第を告げる。鎗は「非人」に洗わせて鞘を掛けて長柄持に渡し、牢番は支度を直して引き取る。それから首札を往来端に建て、「非人」が二人ずつ交代で番をして三日間曝すのである。獄門台はなるべく西向きにして、ただし城の方向へは向けないように命じる。

○獄門は、磔と同様にして刑場に行き、検使より八間隔てた所に罪人を坐らせ、牢番が刀で後ろから首を斬り、検使がこれを見届けたうえで、首は「非人」が洗って獄門台に上げる。三日間曝すが、その見張りは「非人」が二人ずつ交替で昼夜番をする。行刑に従事する「非人」の宿や膳・椀などの食器については、曝場がある村に「非人」がいる場合は公用支給とせず、「非人」が居住していない村の場合は村庄屋が調達することにしている。なお「非人」へは一人に銭五〇〇文宛手当が支給された。

○入墨は、罪人を裸にして仰臥させ、「非人」五人で両手足、頭を押さえ、木綿針一二本を束にしたもので、額に、縦横一寸四分、幅二分の十字形の墨を入れる。墨入れの刑を執行するのも牢番である。照源寺向いの田端に幾日か曝して、北川村八戸《やど》、または門川《かどかわ》まで「非人」二人が連行して領外へ追い払うのである。

○敲は、牢屋内の白洲に莚を敷き、罪人を裸にして伏せ、「非人」四人で押えて、三寸目竹を四尺に切り、三尺を四ツ割にして三か所縄で結んだものを牢番二人が持って、左右から腰骨より上（背骨を避ける）を敲くのである。これも同じく境目から領外へ追放する。

○追払は、国外追放で、同時に長崎徘徊御差留《はいかいおさしとどめ》となり、幕府の命によって領国外でも長崎には立ち入りできなかった。

○曝は、罪人を一般人の見える所にさらすもので、日数は三日であった。場所は照源寺向かいの川端に曝場を作った。それは一間四方ほどの苫で雨覆いを作り、前は低いモガリ垣（柵矢来）であった。罪人は縄掛けのまま莚の上に坐り、後ろは莚で見隠しをして、「非人」二人が番をする。これは盗みをした者がうける刑で、やはり三日間さらした上で領国外に追い払うのであった。「非人」への手当はいずれも一日当たり赤米一升宛であった。

ここで注意しておきたいことは、「非人」は刑の執行を行うのではなく、あくまでも補助者にしか過ぎないことである。よく被差別民が鎗で磔者《はりつけもの》を残酷に突き刺したりして処刑を行っていたと誤解されているが、それは歴史的事実ではない。

なお、「非人」仲間の私法として「非人御仕置」が定められていた。死罪に際しては町同心小頭宅へ「非人」頭を呼び出して申し渡しが行われ、執行された。また曝の上で行われる追放処分や平人に交じっての博打などについても、「非人」頭の宰領によって処罰がなされた。その「非人御仕置」の法は、「上《かみ》の御罪当御咎めなどの次第と違い、人外の者の義につき、異なる御仕置も致し来たり候えども、役所より差図致す筋」のものではないという差別観に基づくものであった。

「非人」頭平助の活躍

その後、磔の処刑執行の補助者については、新領主内藤政樹《まさき》入部後、豊後国「えた」が繁忙を極めているという理由で、延岡藩「非人」へ役替えとなっている（「豊後出役諸控」内藤家文書）。すなわち一一月三日（享和期以降か）、「非人」頭平助が小頭方へ呼び出されて、従来お仕置きについて豊後者を頼んでいたが、往来・旅籠《はたご》代などの諸経費が嵩《かさ》むので、今後延岡藩の「非人」手下《てか》（配下）で行うことはできないかと藩用番からの内談があり、平助は仲間内で協議した上で翌日夕刻それを請けている。それに対して藩の町方は、太刀取りをする「非人」には当日限り帯刀を許し、罪人一人につき酒代銭一五貫文、差添人一人と、「非人」頭二人には酒代銭四貫文宛支給することを達している。その処刑執行の補助者の変更は、無宿者亀吉の打首仕置で早速実施された。そして豊後国大分郡で首を曝すために、享和三（一八〇三）年に行われた宮崎表での首曝しを参考にして、次のような役務と手当支給が命じられた。

①処刑執行の補助者が持参した首を検使より町同心小頭が受け取り、「非人」に桶詰《おけづめ》させる。
②徒目付《かちめつけ》の出役
③首曝し用の竹木・首札・晒《さらし》竹・「非人」番小屋・筵・茶碗などの買い上げ
④首入桶・包筵・縄・荷棒などを「非人」が調達
⑤「非人」・同頭の往来・旅籠代・諸経費などの支給
⑥町同心・小頭上下二人の往来・旅籠代・諸経費などの支給

なお、「非人」たちが使用する賄《まかない》入用の膳椀について有り合わせの品で済まない場合は、買い上げて「非人」へ支給するように命じている。この役務についての一件書類は、他にも細々とした記述がなされているが、煩瑣《はんさ》にわたるのでここでは取り上げない。

「非人」頭平五郎の活躍

もう一人の「非人」頭平五郎は、次のような功績で赤米二俵の褒賞を受けた。

①寛政二（一七九〇）年無宿者藤蔵の逮捕

二月八日寺迫の喜左衛門家へ盗賊が忍び込む手引きをして、藤蔵は「非人」頭の平五郎に逮捕された。その際手引きした盗賊たちの盗品を美々津《みみつ》（現日向市）の目明（「非人」頭）庄三郎が預かっていたが、平五郎はそれを取り返している。

藤蔵は岡富村にある延岡藩の牢に入れられたが、同じく入牢していた良助と共謀の上、四月二〇日夜脱獄した。藤蔵は美々津から西米良《めら》の八幡山へ隠れ、さらに米良の銀鏡《しろみ》村へ逃亡し、その後幕府領の穂北《ほきた》村（現西都市）へ潜入した。この藤蔵の脱獄に対して、延岡藩は追手を豊後筋・宮崎筋・高千穂筋へ差し向けたが捕まらず、平五郎が依頼した高鍋藩の目明鹿之助から、穂北村の目明助右衛門の協力によって七月二日逮捕した旨の連絡が入ったのである。これらの平五郎の尽力に藩は表彰するところがあった。その後無宿者藤蔵は、寺迫の喜左衛門方押し入りの手引をした罪と岡富牢を破牢した罪で、寛政二年一〇月二七日、打首、三日曝（獄門）となった。

②盗賊次郎右衛門、安五郎の二人を逮捕した功績

薩摩出身の次郎右衛門は天明八（一七八八）年、高千穂岩井川《いわいかわ》村で捕えられ、舟尾《ふねのお》牢屋に

入れられていたのを脱獄して、翌寛政元（一七八九）年、夏大貫《おおぬき》村などで盗みに入り、寛政二年二月宮崎で知り合った安五郎と下北方《きたかた》村で窃盗《せっとう》を重ね、三月には四人の集団で延岡の百姓家で衣類を盗んでいる。また藤蔵を手引きにして寺迫の喜左衛門方へ押し入り、美々津で盗みを働いた上、六月には幕府領細島へ逃亡した。その後曾木村金助宅を根城にして北郷黒木村で盗みに入ろうとして騒ぎ立てられ、何も取らずに逃げ出したという。次郎右衛門らは曾木村へ逃げ帰り、金助の女房から握り飯を貰った上で、二、三日山中に隠れ、それから幕府領穂北村へ逃げた。「非人」頭平五郎は、この一件に曾木村金助がからんでいることを突き止め、金助を捕えている。そして次郎右衛門らが宮崎方面へ逃げたことを知り、高鍋藩の「非人」頭鹿之助へ探索を依頼し、鹿之助は幕府領穂北村の目明助右衛門と連絡をとって次郎右衛門逮捕に協力している。この時の盗賊一味は次のように処罰された。

○無宿者次郎右衛門――船尾牢を破った罪、御城下近辺で盗みをした罪、徒党を組んで百姓家に押し入った罪などにより、寛政二年一〇月二七日恒富《つねとみ》村において磔、三日曝。

○無宿者安五郎――宮崎内で盗みをし、その上、黒木村押し入りの人数に加わった罪で、打首、三日曝。

○曾木村金助――盗賊に宿を貸した上、黒木村押し入りを知りながら村役人へ届け出なかった罪で、岡富村永牢（金助は四年後大赦で出牢、領内追放）。

③荒神森殺人事件の解決

寛政二（一七九〇）年七月二一日岡富村で水死体が揚がり、それは肥後国下川原村の「非人」善次郎であることが判明した。そして善次郎妻の申し出によって、次の者たちが捕えられたのである。

肥後川尻手永釈迦堂《しやかどう》村善次郎、女房よし、佐土原《さどわら》領小田村利八、筑前国粕屋郡姪浜《めいのはま》平吉、長崎酒屋町源蔵、長崎茂木村六部常左衛門、飫肥《おび》領油津浦松兵衛、肥後国上益城《かみましき》郡木之倉手永御船町宇七

善次郎殺害の経緯は、加害者たちが恒富村の荒神森をねぐらにして乞食をしていたが、そのうち宇七は善次郎夫婦と顔見知りであったので一緒に酒盛りを始めた。そのうち酒癖の悪い善次郎が暴れ出し、結局宇七が善次郎を殺害してしまった。この事件に「非人」頭平五郎は、事件の摘発から処刑まで関わり合っている。加害者の処罰は次のようになされた。

○宇七――打首獄門・三日曝し
○利八、源蔵――敲《たたき》き放し・領内追放
○松兵衛、平吉、常右衛門――領内追放

このように「非人」頭平五郎らの行刑役務は、広域かつ長期間にわたるものであった。

次に、文化一揆に関連して豊後延岡藩領域の被差別民衆の動向について検討しておく。

文化八（一八一一）年一一月一八日、岡藩西部の四原《よはる》地域（竹田市・荻町）に起きた騒動は翌年の二月までに、臼杵・府内・延岡・日出・中津・島原・幕府領の各領内へ波及したが、延岡藩域の一揆勢は、文化九年正月五日、諸寺院の取り次ぎで、一六カ条の願書を提出した。そこで要求された内容は、大庄屋・小庄屋の人員削減、郡割・組割・村入用《むらにゆうよう》帳の調査とその諸経費の削減、馬喰《ばくろ》鑑札などの運上の廃止、諸公役の削減など、総じて村負担の軽減を願う内容が中心となっていた。騒動の終息後に「御植物弁冥加銀上納」の停止とそれに関わった諸役職の廃止が行われたが、流通統制政策を通じて農民的商品生産の収奪強化を図った岡・臼杵両藩の「新法」と相通じる政策が、延岡藩領域でもとられていたことを物語るものである。

三月末、延岡藩では一揆の頭取の探索と捕縛が行われたが、六月一二日、大分郡内の「えた」頭忠兵衛と同村の「えた」伊兵衛は昼夜取り締りに精勤した功績により、赤米四俵宛与えられている。また七月には速見郡内で打ち壊しの首謀者だった大分郡龍原村（庄内町）の堅蔵を探索するために、下関・小倉・筑前辺まで出かけた大分郡「えた」三人へ銭三貫文、

表2－3　延岡藩の被差別部落

地域名	「非人」集落	慶賀集落	「えた」集落
城附地	1カ所		
宮崎郡		1カ所	1カ所
国東郡			2カ所
速見郡			1カ所
大分郡	5カ所		1カ所

史料：前出「御領分宗門人別勘定帳」

近領諸所の探索に従事した同村「えた」三人へ銭一貫五〇〇文、速見郡「えた」三人へ銭一貫文宛を旅用と酒代として支給している（内藤家文書「万覚書」、『大分県史』近世編Ⅳ）。

文政一一（一八二八）年の「御領分宗門人別勘定帳」（内藤家文書）によると、延岡藩の被差別部落は表2－3のように分布していた。

「非人」の人口が年代を降るに従って増大してくることは前に述べたが、その集落数は意外と少ない。行刑の役務を担わさせられた「非人」集落は日向国では一カ所のみである。慶賀・「えた」集落を入れても三カ所である。本来は慶賀・「えた」身分の者たちが担わさせられた行刑の役務を、延岡藩では「非人」たちが全面的に負担することになった歴史的事情があると考えられる。

四　「非人」世界の一側面

行刑の役務が「非人」たちの陽が当たる側面だとすると、他の一面ではその役務と裏腹に処罰されることもあった。

まず明和八（一七七二）年三月、宇納間《うなま》村（現北郷村）徳三郎が「非人」吉三郎を連れて、北方村の伊助宅へ踏み込んできたという。盗人宿をしたという嫌疑で、伊助とその倅に縄を掛け、その場に居合わせた肥後の熊胆《くまのい》売りも取り押さえるなど理不尽な取り扱いをしたと伊助から庄屋へ告発がなされたのである。結局、郡奉行・寺社奉行などが御用部屋で次のように裁定を下した。

○北方村の伊助――盗人宿のため二〇日ほど謹慎
○肥後の熊胆売り――鉄砲の不法所持につき領外追放
○「非人」吉三郎――行刑の役務はない他所「非人」であるにもかかわらず、不法を働いた廉《かど》で領外追放
○宇納間村徳三郎――盗みにあい、「非人」に依頼して不法な取り扱いをした廉で叱り捨て

この時同時に藩は、領内の手下「非人」に対して、平人（町人、農民）に確実な疑いがない限り、縄掛けや取り調べなどで不法なことをしないよう布達した。それは、「非人」が目明として悪事を検索する時に意気込んで行き過ぎがあったためであろう。また目明であるという立場から、犯人追捕の便宜を得る必要もあり、博打場を仕切ることはどこでも大目に見られるところがあった。

「非人」頭平五郎は、目明として無宿人など放浪者を取り締まる一方で、博打宿も開いていた。延岡藩では博打の禁止を度々出しており、平五郎もまたしばしば処罰されていた。しかし藩は博打そのものよりも、「非人」が平人と交わることで身分秩序が乱されることを忌避したようである。

天明八（一七八八）年一一月一五日、町人たちが「非人」方で博打をしたとして処罰された。すなわち、南町甚兵衛、博労《ばくろう》町弥四郎、中町（いずれも現延岡市）悦之助の三人が夜分まで「非人」方で博打をしたというものであった。

○甚兵衛――手鎖一カ月、過料銭（罰金）三貫文、平人附合《つきあい》禁止
○柳沢町善兵衛・博労町弥四郎――過料銭二貫文、平人附合禁止
○中町悦之助――入牢（出奔して行方不明）
○町同心渡部問左衛門・町同心小頭寺沼田子右衛門――博打場に同席した罪により謹慎

○中町源吉・北方町清次郎――過料銭二貫文、平人附合禁止
○「非人」頭平五郎・平助――叱り捨て

この時の「非人」に対する処罰は比較的軽いものであった。おそらく町同心が同席しており、両「非人」頭を処罰することは不可能であったのだろう。

ところが寛政四（一八九二）年閏《うるう》二月七日、北方村清次郎など六人が「非人」頭平五郎と博打をして捕まった時には、厳しい処分がなされた。清次郎は領内からの追放、長崎での徘徊禁止。残り五人は、日数十日の謹慎、過料銭三貫文、平人附合禁止である。

「非人」頭平五郎の処罰は、町奉行の上申書（「非人」頭役取り上げ、領内勧進禁止）にもかかわらず、藩当局（家老・大目付）からは領外追放という厳しい処分がなされた。それは延岡藩領への立ち入り禁止と肥前長崎での徘徊禁止であった。

五　皮革生産

延岡藩の物産の中で、皮革生産が重要な位置を占めていたことは先に触れた。天保五（一八三四）年四月には中町（現延岡市）に皮方会所が設置され、また安政元（一八五四）年一一月には鹿皮一手買い上げが見原儀助へ許されている。

幕末のものかと推定される史料（「牛馬皮方覚　郡方」内藤家文書）によると、巳年二月一九日、皮革「御物四拾丸」分の仕切書が大坂から届いている。その内容を示しておこう（表2－4）。

表2－4　「御物」皮革の仕切書

種類・数量		代　金	落札者
男牛皮	20枚	1両1分50文	伊勢や光次郎
重皮	35枚	43両2分1朱	明久方
馬皮	84枚	109両1歩	住吉　平七
鹿皮	322枚	145両	岸部や周次郎
島毛馬皮	4枚	11両3歩	池田や茂兵衛方
中との皮	6枚	2両3歩1朱	伊勢や光次郎
筋83・尾37		1両1歩2朱	井筒や佐兵衛方
計		339両と50文	

史料：「覚」（明治大学刑事博物館蔵内藤家文書）

この仕切書は、大坂役人村の太鼓《たいこ》屋喜三郎から延岡藩の御内用方へ宛てられたものであるが、この代金三四〇両弱は延岡藩蔵屋敷で精算されて、残金一一七両余を上納している。この時の牛馬皮登方《のぼせかた》として伊東房五郎が上坂して太鼓屋と折衝している。積み船は予州（伊予国）「観音丸」であった。太鼓屋との取引では延岡藩は不足を生じており、炭・蠟燭《ろうそく》で精算しようとしている。

なお、年度が異なる午四月六日の「御物入札売揚覚」（内藤家文書）は、太鼓屋又兵衛の仕切書であるが、その合計は三四一両一歩三朱と銭四〇〇文となっている。毎年三四〇両前後の売上げを見ていたようである。

皮革の集荷は、宮水《みやみず》役所から郡方御内用方へ提出された覚書によると、高千穂・古江村（現北浦町）・山陰《やまげ》村（現東郷町）・門川村（東臼杵郡）それに近在諸村となっているが、その枚数からして大坂へ積み登せた分の一部であって、皮革は領内全村から集荷されたものである。

第二章　高鍋藩の被差別部落

高鍋藩では寛永一一（一六三四）年、宗旨改めを始めたという。しかし身分の区別や人口数など具体的な内容は明らかでない。藩の編纂史料（『宮崎県史料　第二巻　高鍋藩　拾遺本藩実録』、以下『拾遺本藩実録』と略記）によると、元禄四（一六九一）年一月晦日の記事に「福嶋中去年宗旨改めこれ在り、男女壱万八百弐十六人」とあるのが初見であり、福嶋（現串間市）の総人数は、元禄期は一万一〇〇〇人余で推移している。高鍋藩の総人口は、宝永二（一七〇五）年八月朔日の記事に「宗門改め之あり、惣人数三万千百五十八人」とあるのが初見である。享保期まではほぼ三万四〇〇〇人前後で推移しているが、幕末の弘化元（一八四四）年には三万八九五〇人、明治二（一八六九）年には四万三〇八四人と急増している。

明治二年の調査による「惣竈《かまど》人別改書」は、高鍋藩の行政区域を高鍋分、諸県（本庄町周辺）、福嶋（串間市）と三つに分かっているが、そこでの被差別部落の所在は必ずしも明確ではない。そこで以下、『宮崎県史料　第一巻　高鍋藩　本藩実録』（以下『本藩実録』と略記）

の断片的な記事を中心に、被差別部落の様相を探っていくことにする。

一　行刑の役務

いつ頃からのことかは明らかでないが、高鍋藩では被差別部落民を行刑の役務に就かせるようになった。例えば貞享二（一六八五）年三月一九日の記事に次のようなことが記されている。

佐土原藩の次右衛門が鹿を盗み、駄留番《だどめばん》林田長兵衛・楠子番《くすしばん》永友庄九郎に殺された事件があったが、その次右衛門の子供たち兄弟が、番人たちを親の仇と狙っているという噂なので、番人両人を大内（現川南町）へ移し、その子供たちが高鍋藩領へ立ち入るようなことがあれば早速捕えて、もし抵抗するようなことでもあれば討ち果たすように、「青癩」（以下「せいらい」と表記）に命じている（『拾遺本藩実録』巻之一）。したがって、この時までには行刑への従事は確立していた。元禄六（一六九三）年七月二八日には、牢屋を別府へ移して造り直すように命じていることからも（『本藩実録』巻之五）、被差別部落と牢番は結びついている。

被差別部落民の行刑の仕事には、領内秩序維持のため放浪者の取り締まりも課せられていた。享保一八（一七三三）年三月一一日、「非人」鹿之助は、今後他領の者には札（「非人」

札）を出さないよう命じている。延享四（一七四七）年正月二五日には、藩は他領の諸勧進（乞食）を境目まで送り出すよう村の足軽へ命じている（『拾遺本藩実録』巻之十）。そのような取り締まり政策の一環として、藩から命じられた定渡守の業務も重要であった。享保一七（一七三二）年八月二一日、藩は小丸川の定渡船が流失したので渡船の建造をすることになったが、その建造費銀一一八匁二分五厘四毛を「せいらい」に負担させるべきところ、今回だけはそれを免除して、以後は「せいらい」へ負担させるように命じている（『拾遺本藩実録』巻之八）。寛保元（一七四一）年七月一四日、洪水で小丸川の渡船が難破し、男女一六人が溺死した時は、その責任を問われて四人の渡守が死罪になった（『本藩実録』巻之七）。

明和五（一七六八）年二月二八日、藩は無宿者が盗みを働いた場合は、詮議の上、「非人」同様に死罪を命じているが（『宮崎県史料　第三巻　高鍋藩　続本藩実録』巻之二）、これらの行刑の役務を管轄する役目を果たしたのが「鹿之助」であった。「鹿之助」が頭としての固有名詞なのか、役職名の普通名詞なのか、また各地域に複数置かれた頭役なのか、今のところ確定できないが、被差別部落を束ねる長であったことは間違いない。高鍋藩では「鹿之助」の身分について、「非人」頭の他に「えた」頭あるいは「せいらい」頭、「目明」と表記することもあった。

天明八（一七八八）年二月一六日、鹿之助が上江郷《うわえ》（現高鍋町）に鹿之助の手代を置くよう出願しているが（『続本藩実録』巻之六）、それは「高鍋分」が新納《にいろ》七カ郷と野別府《のびゅう》六カ郷に分かれており、前者の手代として設置する必要があったためであろう。

「鹿之助」は頭として、大きな権限を振るっていたようである。そのことが行き過ぎることもあった。明和八（一七七一）年四月一一日、「非人」頭鹿之助が、石並（現日向市）で幕府領の巡礼者八人のうち、二七、八歳の男を鉄刀（十手）で傷を負わせたので、藩では石並河原に小屋掛けさせて高鍋より医者を遣わして養生させ、不自由のないように配慮している。この事件は巡礼側の申し立てによって内済になり、八人とも路銀に難渋していたので乙名冨右衛門より六貫文貸し出して無事決着している（『続本藩実録』巻之三）。また安永二（一七七三）年五月二七日、「えた」鹿之助の手代が小丸で旅人を盗賊と間違えて天びんで打ち傷を負わせたので、いろいろ謝って漸く内済にしている（『続本藩実録』巻之三）。

これらの事件にもかかわらず、その役務は拡大していった。寛政二（一七九〇）年七月一日、これまで牢屋の掃除や罪人引廻しの綱取りの役について、従来御普請方人足があたっていたものを「せいらい」に命じ、また牢屋戸口の鍵は御普請方預かりであったが、今後は牢屋目付預かりとしている（『続本藩実録』巻之七）。

この前後の時期、「鹿之助」の権限は実質的に強化されていったようである。安永三（一七七四）年八月一九日、「せいらい」鹿之助支配の伝右衛門が当町の弥五郎を斧で切り付け入牢していたが、鹿之助は川北郷（現都農町・日向市）の内で死罪にするよう命じ、藩からは見届けのため足軽目付が派遣された（『続本藩実録』巻之三）。寛政六（一七九四）年八月二六日、延岡領源藤《げんどう》村（現宮崎市）の両国橋で、福嶋竜源寺の義門が三味線ひきから川へ突き落とされて死亡する事件が起こったが、藩は義門の死骸を福嶋へ引き取るよう命じ、鹿之助に三味線ひきを捕えるよう申し付けた。その三味線ひきは翌々日に捕えられ、牢に入れられている。そして翌寛政七年三月四日、三味線ひきの無宿者松五郎は、派遣された小頭足軽目付の申し渡しにより、「非人」頭鹿之助の取り扱いのもと川北の内で死罪になった（『続本藩実録』巻之八）。

時には藩の都合により、被差別部落民に無駄なことを負わすこともあった。例えば享和二（一八〇二）年六月九日、富高陣屋（現日向市）手代の大坪直蔵より、日向国臼杵郡塩見村の石櫃《いしびつ》という所に変死者がある旨連絡があった。それは高鍋町の金次郎という博労で、先年「えた」に身分を落としたところ出奔した者であることが判明した。本来ならば追い払い者であるから構い無しという返事でよいところ、なにしろ富高手代が出役してきているので、その面子を立てるために中小姓・町乙名・天領小部当や親類・村役人が塩見村へ出かけて死骸を見届けることとなった（『続本藩実録』巻之九）。

また行刑の役務に関していろいろなトラブルも生じたりしている。文政元（一八一八）年八月二四日、肥後領大分郡田納野村茂右衛門が大社巡りの途中、「えた」鹿之助手代の利惣太から、袷《あわせ》と風呂敷を剝ぎ取られたので取り返してくれるよう川南庄屋へ申し出たことがあった。庄屋は鹿之助手代から取られた品物を取り返してやり、内済にして出立させている(『続本藩実録』巻之十三)。天保五(一八三四)年八月一三日には、諸県郡金留村《もろかた》(現国富町)の百姓国蔵の馬屋後ろあたりに挙動不審な男が佇んでいて逃げ出したので、若者が追いかけたところ、石を投げたり竹で反抗したりした。そこで大勢で袋叩きにして、「えた」に引き渡したが、その後死亡した旨届け出があった。反抗したとはいえ取り扱い方にがさつな点もあり、不審者が薩州領の者のことでもあるので、後日問い合わせがあるまで吟味を見合わせることとしている(『続本藩実録』巻之十七)。

ところで鹿之助や「せいらい」の行刑の仕事は、近世後期に入っても高鍋藩の中で大きな役割を果たすものであった。文化元(一八〇四)年一一月五日、野崎正蔵の被官丈吉を殺害して逃亡した無宿久右衛門を、鹿之助が諸県郡本庄町周辺で捕えたり、文化五年二月二日には美々津(現日向市)の盗賊清蔵が入牢中に病死したので、その死骸を片付けたりしている(『続本藩実録』巻之十二)。また文化八年九月八日には、上江郷青木村(現高鍋町)の百姓庄五郎倅岩吉が乱心して母親に傷を負わせ入牢していたが、牢死したので「せいらい」に取り片付けを命じている。

文化一三（一八一六）年一〇月朔日、一人の被差別部落民が殺害される事件が起こった。白髭《しらひげ》星松茶屋（現川南町）で、「えた」の栄蔵が大小六カ所の傷を負って変死し、相手は不明であった。藩では、「えた」ではあるが人命に関わることだとして、心当たりがあったら申し出るよう「えた」どもに申し渡した。そして翌年一一月一三日、足軽森弥平次の次男伝蔵が、前年白髭星松茶屋で「えた」を殺害し脇差を強奪したことが判明、その罪で伝蔵は両耳切りの上、「えた」手下となった。

また足軽森弥平次が、次男伝蔵の「えた」殺害の罪を嫡子斧吉に負わせ、伝蔵に家督を譲ろうとしたため、身分と祿高を取り上げられ、家内共々福嶋都井（現串間市）へ牢人を命じられている。足軽森弥平次の倅斧吉は、伝蔵が「えた」を殺害する前に、「えた」より鉄刀（十手）で傷つけられ、奉公人（武士）として不覚の至りで、その上人柄の評判もよくないということで牢人を命じられた。さらに藻広毛番《もひろげばん》の坂本平次郎は、伝蔵が「えた」を殺害したことを知りながら、斧吉に罪を負わせたので、格式と祿高を取り上げられ野別府征矢原（現川南町）へ牢入りさせられ、小番山下次吉は伝蔵に荷担して吟味の妨害をした罪で格式と祿高を取り上げの上、諸県郡本庄町周辺へ牢人を命じられるという大事件に発展した（『続本藩実録』巻之十三）。

この事件を通して、被差別部落民の行刑役務の一端が明らかとなる。死亡した者が被差別部落民であっても放置することは許されなかったのであるが、それは殺害された「えた」が十手を持ち、脇差しを帯刀していたからであろう。殺害に加わった斧吉が傷を被ったことからも分かるように、殺害された「えた」は激しく抵抗している。あるいは斧吉を捕えようとして、伝蔵に殺害されたのかもしれないが、行刑の仕事は命懸けのものであった。

このような鹿之助をはじめとする被差別民衆の活躍が評判になったのか、文政元（一八一八）年八月二四日、幕府領の富高御陣屋から御仕置の首切り役人を雇いたいとの申し入れがあり、高鍋藩では足軽と「えた」二人を派遣している（『続本藩実録』巻之十三）。このように、被差別民衆は藩の行刑の機構の中に完全に組み込まれていた。

文政二（一八一九）年閏四月五日には、福嶋川南庄屋の山口弾吉郎・下人吉次郎・百姓利右衛門の三人が出奔したが、弾吉郎と利右衛門は、佐藤仲太郎（文化一四年馬盗賊）と同様に盗賊の一件について取り調べの必要があるということで捕えるように、足軽三人と「えた」が命じられた。文政九年一二月九日には、三納代《みなしろ》村の百姓丈助の子今朝次郎が、日置村の義八の娘と縁組みしたが、一〇日晩、その娘が自害したので、検死したところ自害した様子はなく殺害された疑いがあるので、行方不明の今朝次郎を捕えるよう「えた」に命じている（『続本藩実録』巻之十五）。

文政一〇年六月二日には、「奥盗賊」の平蔵、「えた」支配の岩吉、盗賊の岩下善次郎（足軽）、山田秀太郎被官の市右衛門の四人が牢を破り逃亡したが、翌日捕えられている。

以下、『近世御仕置集成』（小寺鉄之助編）によって若干記事を補っておく。

安政四（一八五七）年閏五月一七日、先頃宝福寺（上江村山下）看司弾道（僧）は破戒行為があり品行がよくないので寺から出て行くよう、竜雲寺（上江村松本）の方から申し付けていたが、品物を盗んで逃亡したので、「えた」に捕えるよう頼んでいたところ、このほど同人と宮崎郡生目《いきめ》村（現宮崎市）の一人が捕えられた。

慶応元（一八六五）年三月二五日、「せいらい」の蔵兵衛と庄太郎が牢番の時、入牢中の三五郎が破牢したので、当番の二人は怠慢を理由に罰金七貫文ずつ申し付けられた。慶応二（一八六六）年一一月三日、「えた」頭鹿之助は、預かっていた盗賊を取り逃がしたので罰金二貫文、鹿之助手代の千代松は、盗賊番をしていたのに取り逃したので罰金三貫文を課せられている。

ところで、安政五（一八五八）年四月四日、高鍋藩では「入牢罪人取扱い規則」を幕府へ問い合わせた上で、次の通り布達した（前段省略）。

一　入牢者の水浴・髪結いは「せいらい」へ行わせるが、揚屋入り大手預かりの者は人足に取り扱わせる。また「えた」預かりの者は「えた」どもばかりで諸事取り計らうように申し付けている。

一　出火の時は、早速御目付一人、小頭一人、足軽は牢人一人に二人ずつ駆け付け、出牢させること。

但し、前条通りでは急な出火の場合間に合わないので、牢屋の鍵は御目付の封印で「せいらい」が預かっておき、御目付、小頭が間に合わない時は「せいらい」どもが出牢させること。

一　揚《あ》がり屋の鍵などのこともこれに準じて行うこと。

火事の緊急事態ではあるが、罪人の非常出獄について判断を任せられるところとなっていて権限を拡大されている。高鍋藩において被差別部落民の行刑従事がいかに重要なものとなってきたかが分かるであろう。しかしそのことと差別は別のものであった。慶応元（一八六五）年九月一四日、「えた」の吟味はこれまで御仮屋で行っていたが、いろいろな人が宿泊する所でもあるので今後は小会所で行うこととしている。

二　行刑従事への給付

被差別部落民を行刑に従事させる以上、藩としては当然のことながらそれへの給付がなされなければならなかった。元禄四（一六九一）年三月九日、「せいらい」が飢えに及んでいるので、その九軒に畑地物を一俵ずつ給付している（『拾遺本藩実録』巻之二）。元禄七（一六九四）年三月一三日、「せいらい」が一昨年畑地物を借りていたが、それを返納しようとしたところ、蔵に入れると穢れるということで、藩は貸与したままにしようとした。しかしそれではその後再度拝借を出願できなくなるので、「せいらい」は是非返納させてほしいと申し出て、藩ではそれを別途保管していたが、当年また困窮に及んだので別途保管分を貸し付けたという。

元禄一五（一七〇二）年一〇月一三日、別府向かいにあった「せいらい」の給畠一町のうち四反が洪水で崩れたので、その代地として向かい側に三反の畠を給付したことも、藩の差別と保護が車の両輪の関係にあったことを示している（『拾遺本藩実録』巻之二一・四）。

また、居住地についても差別が行われた。元禄一五年正月一八日、被差別部落（「四苦《しく》」・「非人」）の住居が川上では川下の地域が穢れるという理由で、野別府に移すよう命じている

（『本藩実録』巻之五）。宝永二（一七〇五）年七月二七日、天沢院（第三代藩主種信）の法事では、「せいらい」宿の者へ二貫文、「非人」へ一貫文と米一俵を布施して、慈悲のほどを示したが、それは宗教上従来の慣例に従ったまでのことであろう。従来、別府「せいらい」へ古場一町九反の土地を給付していたが、その後竈（軒）数が増加したので、また三人役を増加して古場六反を給付した。ところがその二口の内に荒れ地があるので「せいらい」より代地を願い出たところ、それは却下している。そして古場一町九反歩を別府「せいらい」へ給付したのは、役目一二人分を勤めさせるつもりであったが、代地を給付しない以上役目を申し付けることはできないので、一町九反歩の九人で役目を勤め、それで差し支えが生じた時あと三人の者たちから代わりを出すかどうかは内輪で決めるよう、享保一三（一七二八）年一一月一七日に申し達している（『本藩実録』巻之七）。

また元文二（一七三七）年一〇月一五日、別府村の人口も多くなり、住居に困っているので、一〇人ほどが住む屋敷替え地を願い出たが、牢屋番や渡守をするのには屋敷替え地が遠過ぎるという理由から、今の場所にせり合って住むようにと命じられている。あくまでも藩の御用を勤めることが優先されたのである。延享二（一七四五）年三月一四日、別府「せいらい」太夫久右衛門が、他の「せいらい」との間にもめ事があったので、福嶋（現串間市、高鍋藩の飛地）へ所替えを申し付けられる出来事が起こったが（『本藩実録』巻之十）、その内容は判然としない。しかし藩の秩序維持を脅かすようなことは、極力避けられたのであろう。藩の差別政策は、決して緩和される性格のものではなかった。明和二（一七六五）年三月二三日、別府「せいらい」から縁談のことで厳しく異議申し立てがあり、一応は代官の説得で納得したものの、蔵左衛門と利右衛門の二人が承知しないので、その二人は福嶋に所替えを命じられている（『続本藩実録』巻之二）。

そして差別の極め付きは、身分に応じて印を付けることであった。それは被差別部落民だけのことではなかった。明和三（一七六六）年五月二四日、藩は郷中・町浦津の者たちに形付《かたつき》（型付の布）を禁止し、これまで所持していた品は胸襟掛《えりか》けとして、二寸ほどの墨印を付けるよう命じており、身分統制を強化してきた。しかしそのような身分統制策に対して、被差別部落民は一一月九日、「せいらい」の印である襟掛の水色を替えてくれるよう願い出たのである。ところが藩は、それに対して今後浅黄色の亀甲《きっこう》形付の襟掛を用いるよう命じた。それに抗議してのことと考えられるが、「せいらい」太夫は役職の辞退を申し出たところ、不届者ということで入牢させられ、代わりに福嶋の「せいらい」万右衛門が呼ばれて、「せいらい」頭を申し付けられたのである。

その後も浅黄色の亀甲形付の襟掛けを被差別部落民へ強制する差別政策は継続された。天保一五（一八四四）年八月、家老宛に次のような法令が発布された。

一　従来どおり「非人」は水色、「せいらい」は浅黄の衣類に、亀甲形付きの襟掛けを用いるように「非人」頭・「せいらい」頭に命じる。

一　無許可の「えた」・「せいらい」へ牛馬を売買することは、厳しく禁止する。

付則、拠ん所なく「えた」・「せいらい」へ売り払い、又は買い入れたい者は、支配頭へ願い出て、支配頭より奉行所へ申し出、差図をうけること。もし無免許で「えた」・「せいらい」が牛馬を売買した時は相当のお咎めがあるので、その旨をかねがね心得ておくこと。

一　諸勧進に宿を貸したりして村に留め置くことを一切禁止する。従来村に居住している乞食ならびに許可の札を所持している者は格別であるが、その外の胡乱《うろん》な者は村継で藩領の境目迄送り出すべきこと。

付則、堂宮・森林の内に野宿している者も、油断なく相い改めて追い立てること。

（『宮崎県史　史料編　近世4』）

このような差別強化政策は、同時にまた民衆の中での差別行為を助長するものであった。寛政九（一七九七）年一二月二八日、「犬かめ持ち」（犬神持ち）という噂があった新田村与兵衛が、鹿之助の倅の長七に犬神をとりつかせるという風評がたった。憤慨した鹿之助は手代を連れて与兵衛の家に踏み込み、六尺棒で与兵衛や倅の久左衛門夫婦に縄をかけて打擲《ちようちやく》したという。しかし藩は、「えた」の身分で傍若無人なやり方だということで、罰として鹿之助の長屋門を焼き払うよう命じている（『続本藩実録』巻之八）。

幕末になると、藩財政が逼迫してきたのであろうか、従来一部の被差別部落民に任せてきた定渡守の仕事を取り上げることが行われた。弘化四（一八四七）年三月二九日、小丸川の瀬が近年悪くなってきたので定渡しになったが、今までの賃銭では渡し守の仕事を引き受けできないと「せいらい」たちより申し出たところ、内田民次郎、城志津馬、久場磯治の被官たちが定渡しをしたいと願い出てそれが許可され、定渡しの居小屋を藩で造ることとなったのである。それは明らかに被差別部落の生業よりも藩財政の利益を優先させる政策であった。

なお、幕末の文久二（一八六二）年、高鍋藩は物貰い体の乞食や門付者が領内に二夜以上滞留することを禁じ、「えた」・「青癩」にも放浪者への宿を禁止したが、ただし「自分共身柄」（被差別民衆）の場合は特別に一夜だけ許可するとしている。また被差別民衆の妻子が「勧進下り」（門付け）する回数を一カ月三度と規制している（「御廻文控」九州文化史研究施設）。このような規制は、身分にまつわる差別的政策であることは言うまでもない。

三　刑罰としての身分転換

高鍋藩の刑罰を検討すると、一つの特色が見られる。それは罪を犯した者を罰する場合、身分を落として被差別部落民の支配下に置くことである。これを「非人」手下《てか》という。その政策は一八世紀後半に顕著になった。ここでは身分転換を中心に刑罰の事例を挙げておく。

これらの身分転換された事例を『本藩実録』などで内容別にまとめると、不義密通や心中未遂などによるものは五例、尊属・親族の殺害で親不孝などの罪に問われた者は四例、年貢未納、殺人・喧嘩や騒擾など社会秩序に関するものは一〇例、盗み・恐喝など窃盗に関するものは一〇例となっている。

これらの中で嘉永四（一八五一）年、高鍋藩の人心を震撼《しんかん》させる事件が起こった。秋月甲之助の弟整之進が、毛作村《けつくり》（現高鍋町）に踊見物に行き、口論の上、袋叩きにされて翌日死亡した事件である（『続本藩実録』巻之二十一）。秋月整之進は、第九代藩主種任《たねただ》の弟、（上席家老）秋月種堅の息子であり、藩主は整之進の死をいたく悲しんだという。この一件の相手は軽輩の者たちであるが、嘉永五年二月八日の取り調べにより、御馬取宮越八百吉の養父で隠居の重次郎は格式取り上げ、御馬取の清勘兵衛は格式と祿高取り上げで二人とも別府へ入

表2—5　身分転換の事例

年次（西暦）	記事	処罰内容
明和 六（一七六九）	被官井上助右衛門女房を下人浅右衛門が連れ出した一件	浅右衛門・女房は「非人」鹿之助の手下
安永 五（一七七六）	百姓藤吉兄が極悪非道なので相談してその兄を殺害	藤吉は兄殺しの罪で片耳切り、「非人」手下、親類二人は指一本切り
八（一七七九）	比木村嘉右衛門、森伝蔵を殺害	嘉右衛門は死刑、同所の被官村右衛門・嘉右衛門は自殺、喜太郎は同罪で「えた」手下
九（一七八〇）	足軽倅勘平、不孝者	「非人」手下
天明 八（一七八八）	死罪の盗賊伝市	大赦により「えた」手下
文化 二（一八〇五）	俗医師柳玄竜（実は川崎祐甫被官の鴫野村新右衛門倅虎松）、安永六年盗みを働き長崎へ欠落したが帰郷	大手預かりのあと耳切り、鹿之助支配
四（一八〇七）	文化三年大竜寺隠居殺害の一件	後藤斧吉以下一四人断罪、うち山本五郎太夫は「えた」手下
文政 八（一八二五）	竹方支配萱嶋惣助、年貢米買付の代銭	宛行扶持取上、「えた」手下、

	を払わず	家内は石河内村へ所替え
文政一〇（一八二七）	福島塩屋原の百姓一五人、年貢滞納、徒党を組み、数十日騒ぐ	うち六兵衛「えた」手下
天保　一（一八三〇）	足軽小頭の福田半蔵倅吉右衛門、大坂留守居筆者役の時金を盗む	「えた」手下
一三（一八四二）	黒水友右衛門ら一一人、江戸品川宿旅籠屋の飯盛女を盗み出す	うち金田幾太倅猪三郎「えた」手下
	下持田村百姓市右衛門養子三太郎、実父村右衛門を打ち叩き不届き	「非人」手下
一四（一八四三）	御門番組の渡辺宇左衛門次男助治、内田小十郎被官万吉娘と心中未遂	「えた」手下
嘉永　四（一八五一）	秋月甲之助の弟整之進、口論の上袋叩きにされ翌日死亡	御馬取宮越八百吉の養父（隠居）重次郎はじめ五人は普請方揚屋へ入牢、他に「えた」手下七人、永牢、逼塞・叱りなど多数の者を処分
安政　二（一八五五）	足軽の萩原村新右衛門、去年綾部隼之助の被官三蔵と喧嘩	「えた」手下
六（一八五九）	蚊口水主由兵衛、先年福島へ所替えのところ立ち帰る	額に一筋入れ墨、「えた」手下

文久 一（一八六一）	竹原市太郎被官畡五郎、宝珠山善之助殺害未遂	「えた」手下
二（一八六二）	足軽勤めの諏訪吉、御用金を着服	「えた」手下
三（一八六三）	大山貞右衛門、馬盗む	「えた」手下
	税田藤蔵養父亀太郎、先年不埒	「えた」手下
元治 一（一八六四）	洗町の平次、内田誠之助被官元蔵の妻へ不義働く	「えた」手下
	吉田喜太郎妻、石河内村市太郎と数年来不義を働き、毒薬による殺人未遂	両人とも「えた」手下
慶応 一（一八六五）	沓袋村百姓与太郎、先年「えた」手下となり逃亡・博打	「えた」手下
二（一八六六）	都農町さつまや兵蔵、生蠟を盗み、櫨を直買い	「えた」手下
三（一八六七）	「えた」鹿之助手代の信吉、金二歩をねだり取る	「えた」手下

牢。岡本尚一郎の被官寅吉は別府に入牢。御馬取の黒木友蔵は格式と祿高取り上げ、御馬取の宮越善蔵倅為治は格式取り上げ、御馬取小倉惣吉は格式と祿高取り上げ、御馬取の清十兵衛の倅野右衛門は格式取り上げ、御馬取宮越善蔵次男喜太郎は格式を取り上げ、以上五人は

普請方揚屋《あがりや》へ入牢となった。

嘉永六年一〇月一一日、もと馬取友蔵は整之進を打擲《ちょうちゃく》したので、両耳切りの上「えた」手下へ、家内も福嶋（現串間市）へ所替え、宮越善蔵倅為治は整之進を竹で突いたので両耳切り「えた」手下へ、宮越善蔵次男喜太郎は整之進に土まじりの小きびがらをまきかけたので額に一筋入れ墨して「えた」手下へ、もと馬取惣吉は喧嘩の折整之進を叩くよう指図したので額に一筋入れ墨して「えた」手下へ、御馬取清十兵衛の倅野右衛門は整之進を粟かかじりで叩いたと小倉林太郎に話し、その他不審なところもあるので額に一筋入れ墨して「えた」手下へ、御馬取川越八百吉の養父隠居重次郎はこの一件の事の起こりが重次郎にあり人命に関わることなので永牢に、岡本尚一郎の被官寅吉は整之進を投げ倒したので「えた」手下へ、もと馬取勘兵衛は整之進を打ち叩いたので両耳切り額に二筋入れ墨して「えた」手下へ、御馬取宮越数平は整之進変死の件につき役目をおろそかにしたので付目付並びに宛行のうち二歩通取り上げ、御馬取川越八百吉は養父重次郎が整之進をひどく打ち叩いたので厩方並びに宛行《あてがい》（扶持）のうち五石取り上げ、御馬取清十兵衛は整之進変死の折取り調べもせず役目をおろそかにしたので付目付並びに宛行のうち二歩通取り上げ、その他秋月整之進の変死の件につき一一人の者に逼塞・叱りなどがあった（『続本藩実録』巻之二十二）。

以上、両耳切り三人、額に入墨四人で「えた」手下七人、永牢一人、付目付などの役職を取り上げられ、給米が減らされた者三人、その他逼塞・叱りなどと多数の者が処分を受けた大事件であった。

藩主寵愛の甥を袋叩きにして死に至らしめたこの事件の背景は不明である。しかし身分秩序を無視したこれらの藩士の言動は、皮肉にも「えた」手下へ身分を落とされた大量の処罰者をみたのであった。

第三章　飫肥藩の被差別部落

明治二年の窃盗事件を中心に

秋定嘉和「明治初期の『賤民』統計表について」（『部落解放研究』第二号）には、飫肥藩の「えた」戸数六一戸、二七四人を挙げているが、他方、文政一一（一八二八）年の「人数改帳写」によると、被差別民衆として鴟居来《しいれ》二三九人、「えた」七九人を挙げている。後者の場合、士分身分の者を含めた全人口の〇・五％にしかすぎない。鴟居来については、佐土原藩の呼称と同じであるので、それについては第四章で後述する。ところで、飫肥藩の被差別部落については管見の限り資史料を見出し得ないので、今後の研究に待つほかないが、散見する断片的な記事で一、二具体的事例を挙げておく。

天保一四（一八四三）年八月に安井息軒が書写した「宗門御改証文前書」九カ条と「差上申五人組手形之事」（安井文庫）三八カ条は、幕府法令を踏襲して飫肥藩領内に布達されたものと考えられるが、後者の第一二条で放浪者への宿貸しを禁じて、鉦《かね》たたき・乞食・「非人」・「えた」などに対しても厳守するよう命じている。

ところで明治二（一八六九）年七月五日、大胆にも飫肥藩の銀倉に忍び入って盗みを働いた者がいた。主犯の佐土原藩無宿人政次郎は行方知れずで召し取ることはできなかったが、その手引きをした飫肥藩浮世人《うきよにん》矢野新吉の口書（「飫肥藩旧記」、小寺鉄之助編『近世御仕置集成』収録）によると、事の経緯は次のとおりである。

新吉は七月四日の朝、肴売りに出掛けた折、城ケ崎町（現宮崎市）出外れで佐土原の無宿人政次郎に出会い、気軽に挨拶を交わし、直に帰るので待つよう話して、肴売りを終わって帰宅したところ、政次郎はすでに来宅していた。そこで隠居屋で四方山咄《よもやまばなし》をしていたところ、政次郎からよい儲け先などはないものかという話が出たので、城ケ崎川端には金子・銀札など沢山所持している所もあると話したところ、同道を頼まれて、翌日飫肥藩の銀会所へ手引きした。しかし政次郎は金子を盗み出せず、衣類三五枚、布二一端だけ盗み、そのうち衣類九枚は自己の入用分として、その他は残らず新吉へ預けたという。その後新吉は召し捕えられて入牢したが、追々番人とも心易くなり、自然錠口も弛み、自由に牢の出入りもできるようになった。

ところが一〇月九日夜明け時、政次郎が牢外まで忍び込んできて、牢番袈裟次郎を呼び出し、新吉も何か用事かと牢から忍び出てみたところ、政次郎は金子一〇〇〇両を差し出し、両人で配分するよう申し出たという。新吉は驚いて受け取りを躊躇《ためら》うが、政次郎からたとえこの金を取らずとも一命はとても助かるまいと言われ、結局は押しつけられた金子を、牢番袈裟次郎と五〇〇両宛配分して、外に銀札百貫文を受け取り、翌十日の暮六ツ時過ぎ脱牢して一応帰宅している。しかし自宅には母・女房ともに不在で、捜し廻ったところ風呂屋の後で女房と出会い、そのまま連れ出して津屋原《つやはる》（現宮崎市）で小船を盗んで乗り移り、翌十一日の夜明け頃蟹町（現宮崎市）へ乗り渡り、懇意の藤市を頼り、世話を頼んでいる。藤市は承知して産物積み上りの工夫をしてくれて、袈裟市の船を三〇両で買い取り、産物は藤市・袈裟市・三吉の三人で世話してくれるとのことで、藤市へ金子三〇両、袈裟市へ一〇〇両、三吉へ六〇両、都合一九〇両を渡したところ、一二三両で椎皮三〇束、五八両で麦一〇俵、五三両で大豆五俵を買い入れている。しかし荷不足だったのでもたもたしているうちにまた捕えられてしまったという。これを見る限り幕末の世相がよく表れた大胆な犯罪である。

さて、今一人、飫肥藩「えた」で牢番の袈裟次郎は事の次第を次のように述べている。

袈裟次郎は牢番の役目を勤めていたが、新吉が「永々入牢」ということで不憫に思い、逃亡のおそれもないところから錠口も弛めて自由に出入りできるよう便宜を図っていた。一〇月一〇日の暮六ツ半時頃、新吉が牢外に出たのでいつもの通り小用を足していると思っていたが、一向に帰らないので逃げ去ったことが分かり、番衆野田八兵衛（鏡水足軽）とともに捜し回ったが行方知れずとなった。新吉宿元へ尋ねても帰っていず、母と女房のみが居たが、女房はすぐに湯屋に出掛けてしまったという。新吉の母が言うには、嫁さえ捕えておけば大丈夫というので嫁を引き付けて置くことにして、女房を捜したけれどもこれまた湯屋には居らず、行方知れずとなったので仕方なくお届けする次第となったという。もっとも前日九日の夜、牢番の袈裟次郎は番衆同前に炉辺でごろ寝していたが、暁七ツ時過ぎ戸外に物音がするので何者かと出てみたところ、盗賊政次郎が新吉へ逢いたいと申し出、それを牢中より新吉が聞き付けて出てきたが、政次郎は大風呂敷から金子一〇〇〇両取り出して、一包み五〇両の拾包みを袈裟次郎と新吉両人で分けるように言い、外に銀札二〇〇貫文を牢番の袈裟次郎へ遣わすとのことであった。しかし大金なので受け取り難いと拒否しているうちに、政次郎は大急ぎで立ち去って姿をくらましたという。仕方なくそのまま受け取って置き、またその折五〇両包み二包みを取り落としていたので、合計金六〇〇両と銀札二〇〇貫文のうち、四五〇両は女房に渡し、一〇〇両は門内の竹藪へ隠し、五〇両は肌につけていたところ、一一月朔日の夜召し捕えられて、金子・銀札残らず差し出している。

他方、『平部嶠南日記』の明治二（一八六九）年一〇月二六日の記事によると、清武銀倉から盗まれた紛失金数を次のように記している。

一　金札五十両三分二朱（太政官紙幣）

一　新金四百二十両
一　壱朱銀六両一分一朱
一　壱分銀七十五両　薩州難船より預かり金
合金五百五十三両三朱
右表方
四千七百七十両ノ内
新金二千五百五十両
右札方
合金三千百三両三朱
外に八千四百五十二貫四百八十二文ノ内
一　札五百四十一貫文
右川除銀

大変な金額のものが、ルーズな管理のもとに保管されていたことが知られて興味深い。その後、この一件に関与した者の穿鑿書《せんさくしょ》が取り調べの上作成された。『平部嶠南日記』の明治三（一八七〇）年二月一〇日の記事によると、拘束された者は次のとおりである。

新吉、妻さが、牢番袈裟次郎、目明庄大郎、目明喜三郎、赤江浮世人文蔵（新吉叔父）

他に「慎」の処分を受けた者は次のとおりである。

永田原足軽税所兵右衛門、永山足軽一ノ瀬弥右衛門、鏡水足軽野田八兵衛、角上足軽岩切金次郎、丸目足軽安藤吉右衛門、同片井野九右衛門、同落合次兵衛、黒坂足軽茜田郷右衛門

また、犯人の親類縁者も処罰された。

新吉母里恵、喜太郎妻満津、袈裟次郎妻屋す、新吉姉せい

これらの人たちが結局どのような処罰を受けたのかは分からない。ただ浮世人新吉と牢番の袈裟次郎は、飫肥藩から刑部省への伺いでは「刎首」処分にしたいと申し出ているが、その後の付札によると終身の流刑となっている。いずれにしても大金を易々と盗まれた飫肥藩としては面目丸潰れであり、大量の足軽処分ともなったのであろう。

第四章　佐土原藩の被差別部落

一　被差別民衆の呼称

佐土原藩の藩政は、宗藩鹿児島藩の統制下に置かれたためか、被差別民衆についても鹿児島藩と同じく、慶賀と「えた」とに分かれて統括されていた。明治四（一八七一）年八月改の「民事局戸口帳」（桑原節次『佐土原藩史稿本』）によると、七カ村の「えた」合計一六戸・八三人、三カ村の慶賀合計四八戸・二二一人を記録している。その呼称は江戸時代の藩政史料を見ても変わりはない。その他往々にして挙げられる鴟居来《しいれ》、タコタンなどは民間での俗称であって、藩政史料には現れない。喜田貞吉『特殊部落研究号』は、「維新前までは、万《まん》歳《ざい》、春駒《はるこま》などを業とし、タコタン、シイレ、ビュウなど呼ばれた」人たちがいて、「其タコタンとは太鼓の音より呼びし俗称なるべし。ビュウは別符による新開地の名なり。（中略）

シイレに至りては名義明ならず」と記している。また竹下雄一郎「手記」（桑原節次『佐土原藩史稿本』）は次のように述べている。

鵢居来は慶賀の一名なり。慶賀は昔一般士庶の年賀初即正月元旦、祝儀を述ぶる為、城内の庭前白砂に於て、舞謡をなし、国主の出庁前先づ之を行ふ。是慶賀の意なり。（中略）又家中諸士の各戸に就て祝ひ来る。之に報ずるに白米若干を以てす。故に慶賀と称するか。鵢居来とは其組内頭分の者あり、家に鵢《とび》の宮を祭る。鵢を筐《はこ》中に納め、之を肩に往復す。正月の儀式には必ず之を持して行く。組合三、四人あり、歌を謡ひ舞を奏す。一人は太鼓を叩く。其歌は元佐土原の名家老浅山治右衛門なる人の作歌に出ると云ふ。惜むらくは今伝はらず。慶賀なるものは、足軽の小頭触役の支配する所にして（後略）

いつの時点のものか明らかでないが、戦前期であることは間違いなく、己の見聞も交えた記述であろう。喜田貞吉と竹下雄一郎の記述は図らずも一致して、鵢居来が慶祝芸能者の俗称であることを明らかにしている。

二　芸能者としての慶賀

中世末の南九州社会において、慶賀が領主の正月行事にどのように関わっていたかを前節で述べた。近世社会に入ってから衰退していくものの、その痕跡はとどめている。元禄六（一六九三）年七月五日、藩主の初入部に際して家臣団の目見えがなされているが、諸外城《とじよう》での祝賀の席に「三別府慶賀」（三集落）が出仕している（『宮崎県史料　第七巻　佐土原藩嶋津家日記』）。しかし近世中期以降では、藩主の正月行事への参加には全く姿を見せなくなる。例えば元禄七年正月三日、真言宗・山伏・社家・町人などが対面所で新年の祝賀を述べているが、そこに慶賀の記載はない。同日後刻御謡《うたい》始めがあり、「芸者中へ召出ニて御酒」が下されているが、その芸者にも慶賀は含まれていなかった。これについては先例があるけれども、吟味の上で「大昔之□以来御規式遊ばされざる筈也」としていて、それが慶賀と関わることなのかどうかはっきりしない。

それから時代が下って文化七（一八一〇）年一二月二二日、藩庁は次のような布達をした。すなわち、ここのところ慶賀は新年の祝賀を白洲で行っていたが、近年は御台所でお祝いごとをするように変更されたので、何卒先例通り白洲で相い勤めたいと願い出てきた旨、三カ村慶賀の者から、触役・物頭を通じて申し出であった。それで、追って検討することとして、来年の場合はこれまでの通りと申し渡したという。また天保三（一八三二）年正月八日に、来る十五日、慶賀が御城へ罷り出る定日であるけれども、お慎しみ中なので、二月朔日罷り出るよう達されているところを見ると、慶賀の年頭祝賀は恒例となっている。天保一二（一八四一）年一月一三日の記事（『宮崎県史料　第八巻　佐土原藩嶋津家日記（四）』）によると、先例のごとく慶賀が新年の祝詞を述べに来たところ、「慶御三寸前」が悪いので明後日（一五日）改めて出頭するよう命じられている。「慶御三寸前」が何を意味するのかはっきりしないが、「右ニ付き、備物《そなえもの》例の如く差し出し候よう、御代官へ申し渡す」とあるところから、何か献上物に欠陥でもあったのだろうか。いずれにしても慶賀が登城して年賀を述べていることは間違いない。しかし藩の記録である『佐土原藩嶋津家日記（四）』には、慶賀の記載はなされず、年賀の慶祝行為は次第に忌避されてきたと考えられる。

慶賀のキヨメの行為は、船卸《ふねおろ》しや神社の遷宮などの儀式にも行われた。文化一二（一八一五）年七月五日、日柄がよいということで、船卸しが行われたが、名代、御用番・御船奉行所横目役人・船大工・鍛冶・船頭中・水主・浦庄屋・町夫などが参列して、船霊《ふなだま》へ御太刀目録を献上している。また船卸し用の錺《かざり》として、靭《うつぼ》二つ・弓五張・具足二領を御船方からの問い合わせ次第差し出し、警固役として足軽五人、慶賀の頭役などが、恒例の通りに出席している。寛政二（一七九〇）年三月一三日には、妻万宮《つま》（西都市）の再建が成ったので、来る一八日に遷宮の日取りを決め、その際警固足軽六人を付して名代の番頭が出席するが、来る一〇日別府者《びゅうもの》慶賀も先例のごとく参加するよう申し渡されている。

同様な遷宮の儀式は、天保一二（一八四一）年九月二日にもなされており、このような儀式の際、慶賀の参加は欠かすことのできないものであった。

慶賀は、寺堂や茶屋などの建築にもキヨメの権能と関わって、一定の役割を果たした。文化九（一八一二）年一〇月一二日、高月院御仮堂（現佐土原町）の建築に際して、普請用の据石を持参するよう、普請奉行より物頭を通じて申し入れがなされている。

また文政六（一八二三）年七月晦日には、福島（一ツ瀬川河口）へ茶屋を建てるので、根石を一ツ瀬より持ち届けるよう命じられている。これらは中世社会の山水川原者《せんずいかわらもの》の伝統を継ぐ作業であったろう。

三　行刑の役務

佐土原藩の被差別民衆は、鹿児島藩と同じく行刑の役を強制された。それらは牢屋番・囚人護送・処刑前後の雑務などであった。ところで、文化二（一八〇五）年一一月三日、物頭・目付から次のような協議がなされた。それは、火災の時、触役や慶賀の者たちがそれを少しも知らないことがあったりして甚だ不都合である、もちろん弁才天の鐘を打ち鳴らしてもよいのだけれども、領内の者たちが参集しても無駄な費《つい》えとなることが多く、また城内で出火した時と混同するような事態も起こりかねないので、村内で出火の時のみ番人に鐘を打ち鳴らさせたい、という申し出であった。そこで諸役が相談して、特に被差別部落に合図する必要はなく、ただ近辺の慶賀の者たちまで出火の時は駆け付け、その時の状況に応じて処置するようにと決定している。この記事の文意は必ずしも明確ではないが、いずれにしても被差別民衆に対して消火作業への参加は呼びかけないというものであろう。

次に牢死者の跡片付（キヨメ）の作業について、史料を見ておこう。天明六（一七八六）年一〇月二三日、新田名《にゅうたみよう》（現新富町）の弥惣八は、山田一矢太の土蔵へ米俵を盗み取るつもりで忍び込んだため、早速入牢を命じられて、別府の者（慶賀）が入牢者弥惣八を触役のいる役所より牢屋まで護送しているが、それは先例通り行われている。ところで、入牢していた新田名の弥惣八が天明七年一〇月病死したので、その死骸を仕置きにする必要はないとして、別府の者に命じて仕置場へ埋葬させることとしている。同じような役務は幕末の時点でもなされていた。

文政七（一八二四）年一二月、慶賀の村助は牢屋番を怠ったため、囚人の和助が逃亡してしまったので入牢を命じられたが、村助の不届きな行為が故意に行われのかどうかは定かではない。

また大淵村（現新富町）伝之允は、一三年以前に藩士の母を殺害し逃亡していたが、先頃召し捕えられて、天保三（一八三二）年閏一一月二九日、斬罪となった。その処刑は藩士が行うが、付随する雑務は従来通り慶賀の者がするよう命じられている。

天保一四年七月三日には、慶賀の新左衛門が牢屋番をしていた時、入牢者から頼まれて、きせる・多葉粉《たばこ》・火打などを貸与して、お叱りを受けている。

以上の断片的な記事からも、慶賀が行刑の役務を行うにしても、苦難をなめた生活をしているだけに、その囚人に対する取り扱いは人情味があるものだったことが窺える。

四　渡守の役務

佐土原藩の被差別民衆は、「えた」と慶賀（けいが・けんご）である。佐土原藩の慶賀は領内三カ村に住んでおり、牢屋番役、囚人護送役、牢死者片付役、処刑執行の補助者、片付役、死体番人役などの行刑に従事する一方、据石《すえいし》・根石《ねいし》役などの土木普請や、入部・年頭・船卸し・遷宮などの慶祝行事にも参加しており、その延長線上に芝居興行も行っていた。

佐土原城下は細島《ほそじま》（現日向市）と各地をつなぐ交通の要地であり、高岡・都城・鹿児島の往還、綾・小林の往還、宮崎・飫肥への往還、米良山・人吉への往還などは、佐土原を発着点にし、佐土原以南の延岡領、高鍋領、幕府領に対する相互の連絡、飫肥領、鹿児島領の諸県郡地方などの人や物資の往来、米良山中の物産の搬出などには一ツ瀬川を利用していた。

幕府巡見使の見廻り、日田代官・富高陣屋手代の通過、幕府領からの上納銀輸送、参勤交替の行列、春立・秋立ちの参勤交代要員の上り下りで賑わったともいう。その際、一ツ瀬川の川越えをせねばならなかった。この一ツ瀬川の川越え・渡船のための場所は、柳瀬渡（現佐土原町）が利用されている。

渡守は、藩用の場合定渡守とも呼ばれていた。貞享二（一六八五）年六月七日の『宮崎県史料　第六巻　佐土原藩嶋津家日記（二）』を見ると、飫肥藩主伊東氏が一ツ瀬川船渡場を渡る際、佐土原藩は御船奉行と同下役二名を派遣してその接待に当たっているが、動員された川御座船頭・水主・渡守へそれぞれ労をねぎらうところがあった。船奉行には金子二歩、下役両人には一歩、川御座船頭に鳥目一〇〇疋《ひき》、水主《かこ》の全員に対して二〇〇疋、定渡守たちに一〇〇疋を与えている。貞享四（一六八七）年、元禄五（一六九二）年、同七年にも同様な記事がある。この記事に出てくる「定渡守」が被差別民衆であったかどうかは不明である。

一ツ瀬川の渡河に際して、伝馬役として徴発された人夫の他に、定渡守が重要な役割を果たしているが、それがいつから慶賀もその役を担うようになったのか判然としない。遅くとも文化五（一八〇八）年正月一三日の記事には慶賀が現れてくる。それは富高《とみたか》役所手代たちの渡河に対して、遅参するという落ち度を咎められたものだが、『宮崎県史料　佐土原藩嶋津家日記』全四冊で慶賀の名前が出てくる箇所は少ない。したがって定渡守の役務分担が誰によってなされていたのか今後明らかにする必要があろう。天明八（一七八八）年九月、藩主の渡河に際して、目障りにならないように渡船を砂瀬へ乗り下げておくよう指示されているが、同様な指示は文化一四（一八一七）年にもなされているけれども、その指示が慶賀に対してなされたものかどうかは明らかでない。

ところで、文化九年七月五日の記事によると、渡舟について、従来佐土原藩の被差別部落の者たちが幕府領四日市村の者たちと一日交代で勤めてきたが、佐土原藩側の番の時、幕府領細江村庄屋は天文方御用であるという理由で佐土原藩側に渡し賃の支払いを拒絶したという。いろいろと検討した結果、渡し賃を要求したのは不法なことであるという裁決が下されている。ここで渡舟に従事したのが慶賀であるかどうか、史料を見る限り判然としないが、いずれにしても幕府領庄屋に対する反感が示されている。

第五章　鹿児島藩の被差別部落

一　被差別民衆の統括と周縁身分

鹿児島藩の被差別民衆は、慶賀と「死苦」(「えた」)、「せいらい」・「非人」とに分かれていた。周縁身分としては座頭と瞽女が挙げられる。

「死苦」は「宿《しく》」と音が通じることから、中世のシクに系譜をひくものと考えられるが、行刑やキヨメの仕事に当たり、また葬送、施物、癩病者・乞食の管理もしたという。

鹿児島藩における慶賀と「死苦」という二重の差別構造は、基本的には近世を通じて見られたものであるが、寛文・延宝期頃より次第に幅を狭められていったようである。例えば寛永一二(一六三五)年、「せいらい村」の宗門改め帳を別帳にするように命じているが、この時まではまだ慶賀については差別政策をとっていない。『庄内地理志』によると、寛永一九（一六四二）年、牢屋番は「せいらい」のみに命じている。ところが延宝五（一六七七）年になると、宗門手札改めで「慶賀・行脚《あんぎゃ》・死苦・乞食」は一括されて別統計となっている。あるいはその前に、寛文五（一六六五）年琉球宛に出された法令で「行脚・乞食」などの手札に検印を命じていることも、差別を強化するものであったろう。

このような差別強化政策の中で、次第に慶賀村と「死苦」村との同一視が進行していった。時代はずっと下るが、天明三（一七八三）年、鹿児島慶賀の頭《かしら》より鹿児島藩へ「覚え書」が提出された。それは、藩より慶賀のことを「せいらい」と言い伝えるようになったのはいつからのことか、という問い合わせに対して答えたものである。その答えによると、「せいらい」ということは昔も今もなく、おそらく「祭礼慶賀《さいれいけいが》」のことを間違えたのだろうと訂正を申し入れている。それは古老の者に問い合わせての答えであるとしているが、「祭礼慶賀」の読み違えであるかどうかは、今確かめようがない。

ただし、「覚え書」の中で、近世初期の慶長年間までは伊勢神宮へ参詣して改名していたということは、注目すべきことであろう。その申し立てによると、安部清明の子孫と称し、新春の慶祝行事に参加したり、合戦の際は首実検に立ち合うなど活躍したというが、寛文・延宝期以後そのような活動は見られなくなる。少なくとも天明三年の頃には、煤払いをしたり、農業の下作をしたりして細々と暮らすようになっていた。この天明三年における藩の調査によって、翌天明四年に「死苦」を「えた」と改称して身分再編成を行っており、そのことは重要な意味を帯びる。

先に引用した鹿児島慶賀の「覚え書」の内容をまとめると、寛文・延宝期以前には慶祝芸能者として重宝がられていた慶賀が、寛文・延宝期以後はその地位が低くなり、「せひらひ」と区別がつかなくなってきたのであろう。寛文・延宝期以前には、『庄内地理志』を見ると、武士身分の者であっても癩病に感染すれば「せひらひ」村に編入されており、その際代人を立てたり、支配銀を差し出すことで免れることもできたという。しかしそれが寛文・延宝期以後になると、「慶賀村或は青癩という」と表現が変わってきている。言い換えると、近世初期まで「せひらひ」は、「死苦」の支配下にあっても同じ身分ではなく、場合によっては平人へ立ち返ることもできる性格のものであった。例えば行刑の仕事を慶賀も「えた」も強制されているが、『庄内地理志』を見ると、慶賀と「死苦（「えた」）」とでは自ずから異なる役目を課している。すなわち慶賀の場合、斬罪の首を晒《さら》す仕事を足軽とともに行っているが、「死苦（「えた」）」の場合は単なる見張り番の役である。慶賀は最初述べたように、慶祝芸能者として古い時代から大きな役割を果たしてきたが、行刑の仕事に従事するようになっても「死苦（「えた」）」とは異なる扱いを受けてきたとしてよい。また「死苦（「えた」）」と異なって慶賀は免地を許されたが、この免地は「死苦（「えた」）」には認められないものであった。

表2－6　鹿児島藩「慶賀」の所持地

	家数	田　方	畠　方	畠屋敷	屋　敷	高	備　考
鹿児島慶賀	9	3反計		8反計			
谷山　〃	3				6反計		
同所下福元〃	1			2反5畝18歩			
帖佐　〃	?	1反2畝計		5反計			
同所松原〃	5	1反計		9反計			
庄内高城〃	?		1町計			5斛	都之城内御免地
都之城　〃	5					12石	出米掛
同所梅北〃	5					5石4斗8升	〃
末吉　〃	6					13石	
大崎　〃	?			6反計			
鹿屋　〃	10	2反計					
国分　〃	6			2町3反計			同所御免地
同所宮内〃	2			3反3畝計			
大根占　〃	10				3反計		
小根占　〃	5				1反5畝計		
隈之城　〃	3			6反4畝計			
平佐　〃	4					13石	
水引　〃	2			9反9畝計			
日置　〃	3			4反計			
加治木　〃	5	5反計		2町計			
伊作　〃	2			8反計			
蒲生　〃	5	1反5畝計		4反計			

松下志朗『九州被差別部落史研究』より転載

二　被差別民衆の人口と生業

鹿児島藩における人口把握は、寛永一二（一六三五）年以降慶応二（一八六六）年までの間に三〇回を数える宗門手札改《しゅうもんてふだあらため》を通してなされたが、その集計から慶賀・「えた」・行脚《あんぎゃ》などの数は別の統計となっている。すなわち寛永一二年の「諸覚書類継巻」（『宮崎県史　史料編近世5』）では、「盲目・行脚・道心者・せいらい村しゅく迄」入念に取り調べるよう通達しており、別統計であったことを窺わせるものがある。現在正確に被差別部落民の人口数を知ることができるのは、延宝五（一六七七）年以降（「延宝五丁巳年札改薩隅日人数一紙目録」京都大学文学部蔵）である。

都合男女三拾七万九千百四拾弐人

右之内

男女七万弐千八百七拾七人　　諸士（内訳略）

男女四千四百六拾八人　　諸座付者（内訳略）

男女壱万三千三百四拾六人　　寺社家付門前（内訳略）

表2－7　鹿児島藩における被差別民衆の人口変動

		明和9年	寛政12年			文政9年
		男女計	男	女	計	男女計
鹿児島		89人	49人	66人	115人	105人
薩摩国	計	(962)	1,104	1,051	2,155	2,805
	地頭所	748				2,231
	私　領	214				574
大隅国	計	(1,071)	520	475	995	1,170
	地頭所	895				997
	私　領	176				173
日向国	計	(1,106)	370	323	693	944
	地頭所	521				672
	私　領	585				272
計		(3,253)*	(2,043)	(1,915)	3,958	5,024

＊は114人の差あり。( ) 内は筆者の計算による
史料：前出『九州被差別部落史研究』より転載

男女拾六万七千三百八拾七人
　在郷（内訳略）
男女七万四千三百五拾三人
　又内付、又々内（内訳略）
男女弐千八百五拾人
　牢人並拘者付所々（内訳略）
外男女千八百十壱人
　慶賀・行脚・死苦・乞食

その後の変動を示すと、表2－7のようになる。三カ国のうちで地域により差がみられることに注意が惹かれる。すなわち、薩摩国では急激な増加を見せるのに比べて、大隅国では寛政期に減少して文政期には以前に復旧するものの、その伸び率は

一割に満たない。日向国に至っては寛政期に六三％弱まで落ち込み、文政期にも漸く八五％まで回復しているにすぎない。この被差別部落における人口動態は、鹿児島藩の郷士や農民の人口変動と比較する時、一般的な動向に従っていることが確認される。すなわち薩摩国においては郷士数の増大と農民数の減少という相反する傾向が見られるが、他の大隅・日向国においては郷士・農民数ともに減少しており、天明六・七（一七八六・七）年前後における人口の停滞を反映して、寛政・文政期にも充分に回復し得ていない。近世後期の鹿児島藩における災害の歴史を辿ってみると、風水害、虫害があいつぎ、田畑の被害は甚大なものがあった。それらの災害は、稲作農業に依存し、剰余分の蓄積が少ない郷士や農民に打撃を与え、それが天明期の人口停滞にももろに現れたものと考えられるが、被差別部落の場合もその例外ではなかった。

鹿児島藩の場合、表2－7に見られるような被差別部落の人口停滞は、就業機会の狭隘さを示すものでもあろう。鹿児島藩における雑業のうち大工や左官・鍛冶屋・紙漉《かみすき》などは郷士に独占されており、木挽や桶作りなどは農民の出稼者が従事するところである以上、被差別部落民が雑業に従事する機会は大幅に狭められていた。それに加えて被差別部落の人口数は圧倒的に少なかった。被差別部落民と農民（漁民・野町《のまち》人などを含む）の数を対比してみても、その比率は一％前後を占めるにすぎず、郷士・城下士を含めて算出すれば一％を下回る率となる。結局、五〇〇〇人余の被差別部落民（文政九年現在）が、鹿児島藩内で慶賀は四三カ所、「えた」は五四カ所、計九七カ所（幕末期）に分布していたのである。

鹿児島藩内に拡散された形で居住地を設定された被差別部落民は、麓《ふもと》―在《ざい》という外城制度の二重の支配のもとで、閉塞した日々を送ったに違いない。

三　身分規定の強化

鹿児島藩の身分規定については、『鹿児島県史』第二巻を参照していただくことにして、ここでは身分差別の典型として被差別部落民に関する規定を取り上げる。

鹿児島藩は、寛文五（一六六五）年巳八月一七日「一　行脚・乞食の類、手札横焼印《よこやきいん》たるべき事」（琉球三《りゅうきゅうさん》司官《しかん》宛北郷《ほんごう》又次郎他四名連署覚書、『鹿児島県史料　旧記雑録』追録一）と布達した。この覚書は七カ条よりなり、諸所役人の誓紙徴収、札改の費用の賦課、手札作成の方法、古札・死人札の焼却、手札紛失者の科銭徴収、人数改帳の総帳《そうちょう》作成などについて規定している。ところで琉球・道之島《みちのしま》（奄美）には、行脚・乞食以外の被差別民は存在していないので、前引の「行脚・乞食の類」は、琉球以外の鹿児島藩領では、慶賀・死苦をも含む被差別部落民に対する規定であると考えてよい。とすれば、寛文五年の宗門改に際して、鹿児島藩では被差別部落民の手札に「横焼印」を使用して差別を加えたことが知られる。

その後、宝暦期の手札改に際して布達されたものかと考えられる「雑抄」（『旧記雑録』追録三）は、四九カ条よりなる詳細なものであるが、その中で百姓・町浦浜人・寺門前の者の通婚を認め、さらに境目の人少ない地域の郷士や苗代川者《なえしろがわもの》（豊臣秀吉の侵略により朝鮮から連れてきた人々）との入縁組を認めているにもかかわらず、被差別部落民に対しては次のような厳しい態度で臨んだのである。まず第一に、慶賀・死苦と百姓が縁与《えんぐみ》した者は、双方とも科銀一枚ずつ徴収すること、第二に、慶賀・死苦・行脚者の手札は横印を押すこと、ただし、直印《じきいん》（竪印《たていん》）の使用を許可されてきた慶賀は従来通りその使用を認めるが、慶賀下人は横印しか許さないこと、というものである。この布達は、明和九（一七七二）年、「慶賀・穢多幷行脚者改様之事」（「明和九年辰四月宗門手札御改付内改触流写」東京大学史料編纂所蔵）にも継承されて、被差別部落民の手札は「横印」であることを命じている。

「雑抄」の被差別部落民に対する規定のうち、手札に関する規定が、但し書きの内容と併せて、寛政一二（一八〇〇）年、嘉永五（一八五二）年、安政六（一八五九）年の手札改に際してその都度布達されていることは、それが鹿児島藩の被差別部落民に対する基本法的性格を有していたことを明確に示している。

天明四（一七八四）年辰七月二七日の条目（「島津家列朝制度」、『藩法集8　鹿児島藩』）に

よると、「死苦」の呼称を今後「えた」とすることにし、書類にもそのように記すよう指示しているが、ただし慶賀については従来通りとしている。すなわち天明四年の時点で「死苦」の呼称を「えた」として差別を強化している。

さて、前に引用した「慶賀・穢多弁行脚者改様の事」の第二条については、その後文政三（一八二〇）年、次のように若干の補足がなされている（「安政宗門手札改条目全」東京大学史料編纂所蔵）。すなわち「行脚」になる者は証文によって札元《ふだもと》（宗門手札改めの登録台帳）から削除することとなっているが、文政三年の法令では諸所へ徘徊する物貰いの中には無札者が紛れ込んでおり、そのような者は百姓にする法の建て前であるけれども、乞食同然の者で百姓にしても致し方のない者は、吟味の上でその支配区域の「えた」管轄下において手札を申請することとしている。このような文政期における規制の強化は、他面から見れば、諸所を徘徊し、物貰い同然の生活を送る無札者が増えたことを意味する。具体的事例は挙げないが、そのような周縁身分の者の統制は藩政当局者にとって重要な関心事であった。

ところで、鹿児島藩における死苦（「えた」）と慶賀の村の分布を見ると、慶賀のみの村は圧倒的に薩摩半島側に多く、「えた」のみの村は圧倒的に日向国や関外四カ郷など辺鄙な所に多いことが読み取れる。このことには両者の村の歴史的事情の違いを予想させるものがある。

第六章　福岡藩専売制度（革会所）の分析

一　はじめに

私たちは福岡藩における被差別部落の皮革流通を研究するための基礎資料として、『筑前国革座記録』上・中・下巻と『松原革会所文書』第一・二巻（いずれも福岡部落史研究会）を翻刻、刊行してきた。それらの中で特に『松原革会所文書』は大量の数量を記録しており、その分析は今やコンピュータの使用によって、多元的な取り組みが可能となってきた。もちろんデータ処理に関する方法的知識が必要であるが、文献史料による実証分析のみを行ってきた筆者には、データベース分析の方法を論じる力はない。したがってここでは、経済史に関する史料をどのようにデータベース化し、そこからどのような新しい知見を得たかを報告するにとどめる。

二　史料の性格と内容

本稿でデータベース化を図った対象は、『松原革会所文書』第一巻である。すなわち、安政三（一八五六）年三・五・六・七・八・一〇月と安政四年二月から一二月まで毎月作成された「御仕組革御益銀上納帳」の史料を取り扱った。

安政三年三月分の冒頭部分を示せば、以下のとおりである。

辰二月廿九日
ニノ四十三

男皮　壱枚　福間村
善太郎
代弐貫文
内

三貫百五拾文　　勝次売

残而壱〆百五拾文

ここで得られる情報は、安政三年二月二九日、宗像郡福間村の善太郎が松原革会所に男牛の皮一枚を納め、その代金として銭二貫文が支払われ、会所の益銭として一貫一五〇文が残されたことなどである。「ニノ四十三」という番号は、おそらく会所へ皮革が納付された順序に従って、イロハ順に番号を付されたものと思われる。史料を校訂する時に、この番号は非常に便利であった。なお補足するならば、本史料の冒頭部分がニから始まるのは一・二月分を欠いているためである。

この史料は、安政三年三月、松原革会所請持の源吉・源市両名から藩の銀会所へ提出されたものである。益銀四貫六六三匁四分九厘を三月分として計上しているが、その内訳は表2―8のとおりである。

簡単な説明を加えるならば、買入銀高は松原革会所が購入した革代銀である。それを細工人や商人に販売した銀高が売立銀高である。そしてその差額が残高益銀として、松原革会所に上納される。領内皮革の場合、芝先・持駄・旅荷の三部分に分けられるが、芝先とは「かわた」が斃《へい》牛馬を処理できる旦那場のことで、ここでは自分のテリトリーで取得した牛馬皮

表2－8　松原革会所益銀（安政3年3月分）

物件	買入量	買入銀高	売立銀高	残高益銀
芝先	66枚	1貫401匁7分4厘	2貫675匁9分5厘	1貫274匁2分1厘
持駄	28	949.8.0	1.400.5.8	450.7.8
旅荷	34	2.125.5.5	2.294.5.0	168.5.0
小計	(128)			1.893.4.9
対州皮	150枚			300.00
対州小間物	780斤			78.00
日田革積出	307			307.00
滑皮積出*	1,390			2.085.00
合計	(1,847枚780斤)			4.663.49

*は早良郡熊崎「かわた」より上納分

のことを指している。持駄とは、所有するに至った経緯はなんであるにせよ、自分持ちの牛馬である。旅荷は、領外のものを集荷した皮である。安政三（一八五六）年三月分の上納帳には、芝先分六六枚、持駄分二八枚、旅荷三四枚が計上されている。この小計一二八枚は後掲の表2－11で明らかなように、平均的な集荷枚数としてよかろう。そこで、次にデータベースの分析に入る前に、福岡藩における皮座支配の歴史について概略を述べておく。

三　福岡藩における皮座制度

福岡藩で皮座がいつ設けられたかは定かでない。天保七（一八三六）年、野芥《のけ》村大庄屋から提出された願出書には、慶長年間、播州の皮多孫左衛門が招かれて、それまでは捨てていた牛馬皮を熊崎村へ集めて皮滑しを行うようになったという伝承を記している。しかしそれが皮座という組織だったものかどうかははっきりしない。皮座の初見は今のところ元禄一五（一七〇二）年である（松下志朗『九州被差別部落史研究』）。

皮座の内容については、宝永三（一七〇六）年になるとやや輪郭がはっきりしてくる。城下福岡の近郊、堀口村の被差別部落民三人が、従来の牛皮一枚七匁、馬皮一枚四匁をそれぞれ一匁ずつ値上げして買い取ること、領外取引の場合は口銭一匁を徴収するかわりに運上銀三貫目を献上することを願い出ている。このことはとりもなおさず、皮座による独占的集荷を意味するものであろう。

その後色々な変遷を経て、皮座は大坂渡辺役人村の問屋商人に莫大な借財を負うこととなり、その対策として博多町人柴藤が登場して皮座を運営した。福岡藩から柴藤が皮座受け持ちを申し付けられたのは、文化八（一八一一）年暮れであった。その間の経緯については従来の研究に譲りたい（『筑前国革座記録』、『福岡の部落解放史』上巻、のび・しょうじ「福岡藩柴藤革座の鳥瞰構造」〔『部落解放史・ふくおか』第六〇・六二号〕その他）。

その後天保六（一八三五）年、福岡藩は柴藤より革座を引き上げ、熊崎村の「かわた」善吉へ受け持ちを命じている。しかしその経営は順調に進まなかったものとみられ、同八年には再び柴藤が革座受け持ちとなった。柴藤家の経営は家内の内紛のためいろいろと変遷するが、結局安政元（一八五四）年、柴藤の受け持ちは再度取り上げられ、その後は明治四（一八七一）年廃藩置県の時まで藩直営となった。本稿で取り上げる松原革会所は最後の段階の藩直営のものである。

安政元年の定書九カ条によると、まず柴藤皮座の廃止と藩直営を宣言し、骨・皮の集荷を松原革会所へなすよう命じている。第二条では殞《し》牛馬の数を村の掛より郡役所に報告すること、第三条では細工職人の必要な皮革は会所より売り渡すこと、第四条以下では抜荷の禁止について細々とした指示を与えている。

しかし、安政三年のものかと考えられる「革座御仕法立控」（『松原革会所文書』第一巻）によると、革座の組織が再編成されたのは、安政二年一〇月であったようである。大坂蔵屋敷で家老立花平左衛門から申し渡された組織は次のようなものであった。

革座掛……手代四人・助役四人・小使二人

博多町人の小使一人を除いて、後は皆村居住である。前掲の記録によると、当初は手代衆へ「投受」の形で任されたという。藩は手代衆から月々益銀を受け取るだけで、御附衆の立ち会いもなかったとしている。他には「上見ケ締」として比恵村大庄屋と金生村大庄屋が任命されていた。

その後五、六年を経て万延元（一八六〇）年かと考えられる申七月より改正がなされ、御附衆も日々出勤して監視も厳しくなったとしている。

そして文久元（一八六一）年の「御仕組革会所執計方控」（『松原革会所文書』第一巻）によると、その組織は以下のようになっている。

御勘定奉行……革座会所手代（六人）
- 松原会所
  - 小使（一人）
  - 下役（二人）
- 楠橋会所
  - 小使（一人）
  - 下役（二人）

同時期のものと考えられる断簡によると、福岡藩領内の殞牛馬皮は原則として「会所」（松原革会所）へ集荷するが、遠賀・鞍手・嘉麻・穂波四郡の分は楠橋会所へ取り集めるとしている。手代が検査した上で、定値段で代金を支払うともしている。

四　「御仕組革御益銀上納帳」の分析

牛馬皮買い上げ値段

松原革会所の牛馬皮・小間物売買値段は、表2－9のとおりである。

買上値段と売立値段とを比較してみると、男牛は一・六倍、女牛は二・二倍、馬皮は二・四倍と、皮の種類によって利益の差が出てくる。そこで実際に松原革会所で売買された時の記録である「御仕組革御益銀上納帳」の中で、男牛・女牛（重皮）・馬皮の種類が書き分けられている事例をソートすると、表2－10のようになる。

後者の上納帳の場合、芝先（死場）の値段であり、前者の定値段は旅皮と異なるので、単純に比較することはできないが、男牛が一・五倍、女牛（重皮）が二倍、馬皮が二・二倍という利益は、定値段に相応するものとしてよかろう。

安政三・四年の皮革売買数と益銀高

安政三・四年における松原革会所の取扱高を見ると、表2－11のようになる。

わずか二年分の史料であるから、これでもって直ちに一つの結論を導くことは危険である

表2−9　牛馬皮・小間物の定値段（松原会所の場合）

単位		買上値段 男牛	買上値段 女牛	買上値段 馬皮	単位	売立値段 男牛	売立値段 女牛	売立値段 馬皮
皮1疋分		(1斤)2匁	25匁	18匁	皮1枚*	(10斤)32匁5分	54匁	44匁
皮多共持牛分1疋分		6匁増	5匁増	4匁増				
芝皮分1疋分		8匁5分救	8匁5分救	8匁5分救				
小間物	筋1疋分	4分	3分	2分	馬筋			4分
小間物	黒爪1疋分	2	2	4				
小間物	丸尾長1枚	6	6		丸尾長1枚	1匁2分		
小間物	へき1枚	4	4		へき1枚	7分		
小間物	腹皮1枚	3	3		腹皮1枚	5分		
小間物					馬尾1斤			8匁
小間物					筋晒1斤	上22匁	中18匁	下13匁

備考：*の旅皮分は1枚に1朱益で売払い

表2−10　皮革種別ごとの売買枚数と値段

	芝先 枚数	芝先 買入値段	芝先 売立値段	持駄 枚数	持駄 買入値段	持駄 売立値段
馬皮	30枚	53貫460文	117貫900文	4枚	8貫800文	15貫900文
男皮	12	45.000	69.340	8	37.140	50.358
男牛皮	2	4.000	6.150			
重皮	10	23.600	46.300	4	12.000	19.400
小牛	1	900	1.600			
ちり	5	3.814	7.505			

備考：安政3年2月29日より3月中旬（15日）以前までの分を掲出した

表２−11　益銀高調書抜

年　月	芝	持駄	旅	益　銀	別　記　算　入　分
安政３年　正月▽	51枚	16枚	38枚	銀預１貫397匁８分４厘	＊１ 対州革益銀300目
2▽	34	15	41	1. 140. 19	〃 小間物益銀78匁
3	66	28	34	1. 893. 49*1	他に 登せ皮益銀434匁
4▽	46	23	58	1. 528. 61	日田革309枚積出運上307匁
5	41	29	18	1. 485. 70	滑皮1390枚　〃　熊崎より上納２貫085匁
6	63	27	70	1. 983. 15	内　持駄27枚益銀（453匁２分８厘）
7	42	18	71	1. 464. 71	
8	42	32	53	1. 848. 52	内　日田革買上分（148匁７分５厘）
9▽	43	22	83	1. 729. 30	
10	31	15	54	1. 165. 58	
11	30	19	81	1. 296. 48	
12	39	18	61	1. 411. 94	
（朱書分）計	(528)	(262)	(662)	(19. 157. 51)	18. 345. 51
安政４年　正月	31	16	51	1. 140. 77	
2	24	29	70	1. 355. 57	内　熊崎幸吉・卯右衛門せんくす29俵積出運上（43匁５分）
3	47	22	57	1. 485. 91	
4	43	13	74	1. 476. 29	内　〃　〃　にべ28丸　〃　（42匁）
5	37	14	29	1. 255. 02	
閏5	48	14	90	1. 690. 32	
6	54	20	83	2. 353. 01	内　熊崎にべ９丸積出運上(13匁)同村旅荷17枚通り運上(17匁)
7	69	22	30	2. 204. 80	
8	54	22	66	1. 919. 42	
9	38	12	77	1. 462. 84	内　旅荷小間物190斤改運上(19匁)旅革熊崎の持送り改運上(23匁)
10	41	17	70	1. 430. 96	内　旅荷熊崎へ持送り分改運上（15匁）
11	47	12	46	1. 481. 76	内　旅皮熊崎より持送り分改運上（20目）
12	(49)	(15)	(62)	1. 658. 54	内　旅皮通運上（50匁）
安政５年　正月▽				1. 508. 39	
2▽				1. 136. 23	内　大坂池田屋久留米荷物22俵改運上（88匁）
安政４年１〜11月	533	213	743		

備考：▽分は「御仕組革御益銀上納帳」なし。安政三年辰十二月「辰年御益銀高調子書抜帳」，安政四年巳正月「革座御会所御益銀上納間通」で補充

が、皮の種類から言えば旅皮（領外からの移入皮）が一番多い。一年間七〇〇枚前後であるとしてよかろう。次に多いのは芝先（死場先、旦那場分）で、五〇〇枚余である。被差別部落民の所有牛馬分（持駄）が少ないことは、被差別部落民が農業に従事する場合、生産手段としての農耕用牛馬をそれほど飼育していなかったことを示すものであろう。それでも二〇〇枚を超すことは、老牛馬や病気にかかったものを農民などから買い取ったことが想像される。なぜならば、表2－12で明らかなように、芝先（農民所有の斃牛馬）の皮の平均買入銀高が二二―二四匁位であるのに対して、被差別部落民の持駄は一枚平均三三―三五匁位で、一〇匁前後の価格差があるからである。

売立銀高も、芝先、持駄、旅皮の順に高くなっていくが、その差額である益銀は逆にその順序で少なくなっていく。この事実は興味深いが、芝先の皮を安く買い入れられるのは、芝先の斃牛馬を農民から無償で被差別部落民が入手できるという事情によるものであろう。

松原革会所の集荷地域と数量（郡名・地名別のソート）

本稿で取り上げる史料については、先に「二　史料の性格と内容」で説明を加えたが、その二四カ月分のデータをソフト「マルチプラン」でインプットした。入力項目は年・月、史料に記載されている番号、買入れの際の種別（旅荷・芝・持駄）、皮革の種別（牛皮・馬皮・

表２－12　仕組革益銀上納高

年　月	芝先				持駄				旅荷			
	枚数	買入銀高	売立高	益　銀	枚数	買入銀高	売立高	益　銀	枚数	買入銀高	売立高	益　銀
安政３年３月	66枚	銀預１貫401匁７分４厘	銀預２貫675匁９分５厘	１貫274匁２分１厘	28枚	銀預949匁８分	銀預１貫400目５分８厘	450目７分８厘	34枚	銀預２貫125匁５分５厘	銀預２貫294匁５分	銀預168匁５分
５月	41	897. 20	1. 780. 37	883. 17	29	964. 34	1. 469. 32	504. 98	18	1. 140. 50	1. 238. 05	97. 55
６月	63	1. 421. 21	2. 652. 32	1. 231. 11	27	947. 20	1. 400. 48	453. 28	70	5. 084. 84	5. 383. 60	298. 76
７月	42	931. 10	1. 777. 23	846. 13	18	600. 90	916. 98	316. 08	71	5. 209. 45	5. 511. 95	302. 50
８月	42	1. 009. 44	1. 944. 78	935. 34	32	957. 91	1. 497. 09	539. 18	53	3. 950. 25	4. 175. 50	225. 25
10月	31	750. 70	1. 424. 35	673. 65	15	528. 60	790. 28	261. 68	54	3. 906. 75	4. 137. 00	230. 25
小　計	285	6. 151. 39	12. 252. 00	5. 843. 61	149	4. 947. 75	7. 474. 73	2. 525. 98	300	21. 417. 34	22. 740. 6	1. 322. 81
月平均	47.5	1. 025. 23	2. 042. 00	973.935	24.8	824. 63	1. 245. 79	420. 99	50	3. 569. 56	3. 790. 1	220. 47
１枚平均		21. 58	43. 07	20. 50		33. 20	50. 16	16. 95		71. 39	75. 80	4. 40
安政４年２月	24	542. 80	1. 031. 69	488. 89	29	1. 061. 45	1. 566. 98	505. 53	70	4. 684. 25	4. 981. 90	297. 65
３月	47	922. 90	1. 768. 30	845. 40	22	747. 70	1. 144. 21	396. 51	57	3. 900. 25	4. 144. 25	244. 00
４月	43	835. 10	1. 720. 88	885. 78	13	468. 50	704. 76	236. 26	74	5. 611. 05	5. 923. 30	312. 25
５月	37	792. 50	1. 657. 69	865. 19	14	493. 30	759. 73	266. 43	29	2. 117. 20	2. 240. 60	123. 40
閏５月	48	1. 235. 10	2. 277. 84	1. 042. 74	14	638	903. 08	265. 08	90	7. 209. 75	7. 592. 25	382. 50
６月	64	2. 004. 25	3. 607. 86	1. 603. 61	20	663. 95	1. 030. 10	366. 15	83	6. 592. 75	6. 945. 50	352. 75
７月	69	1. 981. 54	3. 662. 70	1. 681. 16	22	749. 10	1. 145. 24	396. 14	30	2. 367. 68	2. 495. 18	127. 50
８月	54	1. 425. 30	2. 663. 04	1. 237. 74	22	722. 00	1. 123. 18	401. 18	66	5. 297. 50	5. 578. 00	280. 50
９月	38	961. 00	1. 834. 24	873. 24	12	381. 40	601. 75	220. 35	77	6. 275. 51	6. 602. 76	327. 25
10月	41	867. 10	1. 732. 57	865. 47	17	485. 70	738. 69	252. 99	70	5. 694. 75	5. 992. 25	297. 50
11月	47	1. 089. 10	2. 132. 00	1. 042. 90	12	408. 20	631. 56	223. 36	46	3. 645. 30	3. 840. 80	195. 50
12月	49	1. 018. 80	2. 112. 95	1. 094. 15	15	564. 00	814. 89	250. 89	62	4. 711. 00	4. 974. 50	263. 50
小　計	561	13. 675. 49	26. 201. 76	12. 526. 27	212	7. 383. 3	11. 164. 17	3. 780. 87	754	58. 106. 99	61. 311. 29	3. 204. 3
月平均	46.8	1. 139. 62	2. 183. 48	1. 043. 86	17.7	615. 28	930. 35	315. 07	62.8	4. 842. 25	5. 109. 27	267. 03
１枚平均		24. 38	46. 70	22. 32		34. 82	52. 66	17. 83		77. 06	81. 31	4. 24

史料：表２－11に同じ

重皮など）、買入れ金額、買入れ先の郡村名、人名、売立て金額、人名、会所の益銭金額などである。

入力件数は一八九八件である。その原表から、まず買入れ先（松原革会所への販売人）ごとに皮革集荷の状況を集計した（表2－13）。さらにそれを郡村別に集計したのが、表2－14である。

ここで指摘できる特徴は、次のような事柄である。

第一に、この史料に現れる郡村名には、遠賀・鞍手・嘉麻・穂波四郡の県北部が含まれていないことである。それら四郡の皮革は、前述したように楠橋会所の統括下にあったものである。

第二に、表2－13・14の村名の後ろに丸印が付いているものは、被差別部落のある村であるが、遠賀・鞍手・嘉麻・穂波・席田《むしろだ》五郡を除いて、福岡藩の幕末における被差別部落の数は八三カ村である。そのうち三八カ村の住人が松原革会所の買入れ先となっている（『筑前国革座記録』下巻）。当然のことながら、松原革会所の買入れ先は被差別部落が圧倒的に多いと考えられる。

第三に、しかしながら一二カ村が被差別部落でないことに注意する必要があろう。その中で買入れ件数が多い村名を挙げると、下座郡の田代村、早良郡の有田村、怡土郡の長野・田

表２－13　村別皮革買入れ表（安政３・４年における松原革会所分）

郡名	村名	買入物件 買入先	件数	金額	会所益銭
粕屋郡	大隅村。	41人	104件	218貫468文	218貫231文
	内　殿。	1	1	4.500	1.738
	鹿　部。	31	59	156.390	123.415
	新　原。	4	4	13.125	6.575
	津　屋。	2	2	4.400	3.400
	別　府。	13	18	32.920	39.230
	柚　須。	6	6	15.200	12.000
	蒋　野	4	6	20.300	8.751
	莚　内。	5	8	30.925	12.501
	計	107	208	496.228	425.844
宗像郡	吉　田。	38	109	403.470	232.659
	曲　。	49	136	479.605	290.336
	上西郷。	7	10	32.430	17.183
	下西郷。	2	2	9.600	13.230
	村山田。	2	3	13.500	5.513
	徳　重。	15	43	155.320	92.189
	福　間。	59	138	459.153	257.257
	野　坂	1	3	12.700	5.175
	吉　留	1	1	4.400	1.775
	計	174	445	1570.178	915.317
上座郡	佐　田	1	1	1.500	1.700
	志　波。	10	16	22.960	25.415
	入　地。	3	3	5.400	6.800
	林　田。	11	33	57.950	58.194
	中　町。	4	6	19.020	14.180
	計	29	59	106.830	106.289
下座郡	小　隈。	4	6	11.200	12.900
	三　並。	1	1	3.020	2.180
	田　代	32	69	759.530	46.135
	三奈木。	6	9	9.840	11.085
	計	43	85	783.590	72.300
那珂郡	恵子村。	6人	24件	50貫　文	54貫635文
	辻　。	12	20	40.740	39.010
	堀　口。	4	48	87.430	101.265
	老　司。	6	12	25.240	25.760
	計	28	104	203.410	220.688
夜須郡	下　見。	15	51	135.130	116.577
	甘　木。	1	5	8.010	9.810
	砥上。*1	9	21	64.900	45.300
	計	25	77	208.040	171.687
御笠郡	永　岡	3	3	8.000	4.120
	岡　鳴	2	3	8.200	6.587
	若　江	2	2	3.600	4.400
	杉　塚。	1	1	2.200	1.700
	片　野。	17	81	205.488	183.940
	計	25	90	227.488	200.747
早良郡	田　嶋。	1	1	3.400	2.100
	有　田	50	153	1383.885	76.005
	計	51	154	1387.285	78.105
怡土郡	三　雲。	20	56	174.550	134.751
	周船寺。	1	1	2.200	2.000
	深　江。	82	417	4435.750	254.265
	長　野	11	58	644.710	33.705
	田　中*2	6	31	421.769	25.101
	計	120	563	5678.979	449.822
志摩郡	桑　原	8	14	24.540	31.410
	女　原。	15	24	45.580	56.095
	泊　。	14	56	106.940	119.144
	野　北。	8	18	33.090	33.085
	計	45	112	210.150	239.734
福岡		3	3	5.600	5.950
他国分		13	16	212.040	25.175
不明分		18	26	120.899	22.493

備考：村名の後に○が付いているのは被差別部落のある村

＊１：戸上村は砥上村へ算入した

＊２：田中村は上座郡と怡土郡の両郡にあるが，深江村との隣接地にあることを考えて便宜上，怡土郡に入れた

表2−14　集荷別件数表

郡名	村名	集荷種別		
		旅荷	芝先	持駄
粕屋郡	大隈村。		93件	11件
	内　殿。			1
	鹿　部。		27	32
	新　原。			4
	津　屋。			2
	別　府。		17	1
	柚　須。		1	5
	蒋　野			6
	莚　内。			8
宗像	吉　田。		57	52
	曲　。		88	48
	上西郷。		3	7
	下西郷。			2
	村山田。			3
	徳　重。		30	13
	福　間。		63	75
	野　坂			3
	吉　留			1
上座	佐　田		1	
	志　波。		16	
	入　地。		3	
	林　田。		33	
	中　町。		6	
下座	小　隈。		5	1
	三　並。			1
	田　代	69		
	三奈木。		9	
那珂	恵　子。		23	1
	辻　。		7	13
	堀　口。		35	13
	老　司。		9	3
夜須	下　見。		44	7
	甘　木。		5	
	砥　上。		18	3
御笠	永　岡			3
	岡　田		2	1
	若　江		2	
	杉　塚。			1
	片　野。		69	12
早良	田　嶋。		1	
	有　田	153		
怡土	三　雲。		46	10
	周船寺。			1
	深　江。	417		
	長　野	58		
	田　中	31		
志摩	桑　原		14	
	女　原。		20	4
	泊　。		52	4
	野　北。		17	1
福岡			3	
他国分		12		4
不明分		11	14	1

備考：村名の後に○が付いているのは被差別部落のある村

中村であるが、表2－14を見ると、それらの皮革はすべて旅荷であることが注目される。おそらくそれらの村では、仲買商人が領外から皮革を集荷していたのであろう。そしてその仲買商人は、必ずしも被差別部落民ではなかったとも考えられる。

第四に、そのことと比較して被差別部落がない他の村で、その集荷種別が持駄である場合が多いことに注意を払う必要があろう。件数も少ないことから見て、何らかの事情で被差別部落民がそれらの村で牛馬を所有していたのであろう。

第五に、買入れ金額の大きいのは宗像・早良・怡土郡であるが、松原革会所の益銭から見ると粕屋・宗像・怡土となり、殊に宗像郡が挙げている収益は大きい。これは集荷皮革の種別が旅荷であるのかまたは芝先・持駄であるのかによる。買入れ金額が大きい下座郡田代村、早良郡有田村、怡土郡深江・長野・田中村は、その集荷皮革がすべて旅荷であることに注意する必要があろう。買入れ金額に対して会所益銭がその五－六％であることに、旅荷に対する松原革会所の関わり合いの浅さが現れている。それに比べると芝先・持駄の場合は、松原革会所も益銭を高くして収奪することが可能であった。宗像郡福間村の場合五六％の収益をあげているが、その種別は芝先・持駄がほぼ同じくらいである。

皮革仕入れ先別の数量（買入れ先人名によるソート）

原表から仕入れ件数が一〇件以上のものをソートすると、表２－15のようになる。これらの人名は在地の史料を探索して特定しなければならないが、今回はその時間的余裕がなかった。

表２－15から指摘できる特徴は、およそ次のようなものである。

第一に、取引件数が多いのは旅荷である。当然、その買入れ金額も高くなる。

第二に、芝先・持駄は先にも述べたように、そのほとんどが被差別部落民から集荷されたものである。特に宗像郡福間村の場合在郷町のためかと考えられるが、どのような事情によるものかはっきりしない。

第三に、個人別に仕入れ金額を比較してみると、やはり旅荷が一〇〇貫文代と他を圧倒しており、怡土郡深江村の嘉作に至っては七八八貫文余となっている。それに比べると芝先は一八貫文余から五六貫文余までの間にあり、一桁違うようである。持駄となると二貫文余から一八貫文余であり、さらに少なくなるとしてよい。そのことは一件当たりの買い入れ金額にも明らかである。

表2－15　大口買入れ先の集荷種別一覧
（安政3・4年における松原革会所分）

買入先			旅荷		芝先		持駄		1件当り
郡名	村名	氏名	件数	買入金額	件数	買入金額	件数	買入金額	買入金額
下座郡	田代村	久　六	15	97貫500文					6貫500文
粕　屋	大　隈。	市　平			12	29貫870文			2.489
夜　須	下　見。	惣　作			18	44.020	2	7貫300文	2.566
御　笠	片　野。	弥　吉			15	34.200			2.280
	〃　。	弥　八			22	56.330			2.560
志　摩	泊　。	清　内			25	45.120			1.805
宗　像	曲　。	助　十			9	27.700	3	8.220	2.993
	〃　。	長　七			11	46.940			4.267
	〃　。	半　平			11	36.060	3	6.380	3.031
	徳　重。	善　市			8	27.300	2	5.750	3.305
	〃　。	利三次			12	39.920	1	4.700	3.432
	福　間	三　吉			12	36.070			3.006
	〃	甚　作			13	25.224	2	3.680	1.927
	〃	弥三郎			12	27.980	1	4.800	2.522
	吉　田。	孫　次			7	23.000	5	18.800	3.483
	〃　。	半　三			9	34.200	3	12.700	3.908
上　座	林　田。	金　内			13	18.855			1.450
早　良	有　田	吉右衛門	46	435.435					9.465
	〃	勝　平	14	149.250					10.661
那　珂	恵　子。	勝三郎			19	39.080			2.057
	堀　口。	伝　吉			32	56.020	8	17.120	1.829
夜　須	砥　上。	吉右衛門			8	20.400	2	5.200	2.560
怡　土	三　雲。	幸次郎			10	30.550	1	2.200	2.977
	深　江。	嘉　作	29	788.475					27.189
	〃　。	嘉　平	22	202.170					9.190
	〃　。	勘平衛	11	161.450					14.677
	〃　。	吉右衛門	23	226.145					9.832
	〃　。	久　六	30	158.700					5.290
	〃　。	甚　助	27	336.975					12.481
	〃　。	藤　六	14	148.875					10.634
	〃　。	和　平	41	404.126					9.857
	長　野	藤　六	44	502.235					11.414
	田　中	義平次	22	349.919					15.905

備考：村名の後に○が付いているのは被差別部落のある村
　　　10件以上の取引のある者を表記した

皮革売立て先別の数量（売立て先人名によるソート）

前項のように、一〇件以上の売立て先（皮革の販売先）をまとめてみると、表2－16のようになる。

ここで注目されることは、松原革会所が皮革を販売するに当たって、旅荷・芝先・持駄の区別を一切していないことである。皮革の品質が旅荷・芝先・持駄の種別によらない以上当たり前のことかもしれない。しかし表2－12で明らかなように、種別によって一枚当たりの売立て高に相当な価格差があることを考慮に入れると、松原革会所では旅荷・芝先・持駄を一セットにして販売したことが推測される。

なお当該史料からは、残念ながら売立て先（販売先）の人の身分・居住地などは全く分からない。

大口の売立て先としては、善作が一六六九貫文余（二二七件）で他の者を圧倒している。五〇〇貫文以上の売立て先はわずかに五名であり、「熊崎」村や「滑方」との取り引きが少ないことも注目されよう。

表2-16　大口売立て先一覧
(安政3・4年における松原革会所分)

売立先人名	売立金額	件数			会所益銭	益銭／売立金額
		旅荷	芝先	持駄		
伊三郎	164貫516文	15件	2件	3件	16貫751文	10.1%
儀八	395.538	22	24	11	85.413	21.5
義八	68.200	4	5	3	17.500	25.6
儀六	905.423	59	29	21	126.714	13.9
義六	287.993	16	10	3	43.898	15.2
久次郎	160.143	7	7	3	29.068	18.1
九助	206.906	12	7	8	29.461	14.2
(熊崎)	64.500		4	14	32.360	50.1
源次	312.265	17	20	12	75.898	24.3
源兵衛	235.402	16	11	9	47.477	20.1
幸作	249.009	23	5	1	24.654	9.9
幸蔵	220.828	13	10	10	44.353	20.0
三次郎	532.550	26	24	10	89.176	16.7
次作	269.782	19	10	2	37.122	13.7
勝市	442.012	14	46	17	144.087	32.5
勝助	58.827	2	5	4	19.012	32.3
正平	721.423	37	22	16	101.653	14.0
新助	686.068	49	23	9	88.654	12.9
甚四郎	51.625	1	8	4	23.025	44.6
清次	253.668	19	5	4	28.988	11.4
千助	375.933	22	17	9	66.473	17.6
善作	1669.900	84	95	48	351.874	21.0
善三	135.200		30	3	71.736	53.0
善太郎	113.725	4	18	7	53.495	47.0
壮兵衛	154.493	8	8	1	24.983	16.1
太右衛門	153.949	9	8	6	26.284	17.0
宅次	100.175	1	18	4	52.135	52.0
只吉	378.828	28	5	5	38.033	10.0
伝助	623.803	48	15	8	75.084	12.0

（前表の続き）

藤　　三	292.693	27	6	2	30.958	10.5
藤　　七	309.726	17	12	13	58.381	18.8
藤　　平	44.350	2	6	3	19.480	43.9
（滑　方）	160.195	5	26	8	71.440	44.5
半　　助	76.943	1	13	2	30.833	40.0
武左衛門	81.325		14	5	41.265	50.7
武　　助	298.548	24	5	3	24.558	8.2
茂 三 次	85.015	1	10	6	39.675	46.6
友 三 郎	96.650	9		2	8.750	9.0
友　　次	214.069	10	17	5	52.989	24.7
与右衛門	59.600	2	10	3	27.960	46.9
要　　作	48.150		9	1	24.730	51.3
利　　八	674.975	27	37	18	137.510	20.3

備考：10件以上の取引のある者を表記した。（熊崎）は地名，（滑方）は役所名

五　おわりに

以上、安政三・四（一八五六・七）年における福岡藩の松原革会所を中心に、皮革の流通形態を検討してきた。ここで明らかにし得たことは小さいかもしれないが、従来なし得なかった大量の数量分析をささやかながら試みた結果は、次のようにまとめられよう。

第一に、幕末期、福岡藩の革会所による皮革生産と販売の統制は、松原革会所と楠橋会所に分轄してなされ、遠賀・鞍手・嘉麻・穂波四郡は後者の支配下にあったことである。

第二に、旅荷皮革の集荷は被差別部落民以外のものによってなされていたことが推測される。農村にそのような仲買商人が居住していたのか

どうか、今後の研究課題であろう。

そして第三に、そのことと関連して、被差別部落民が行った皮革の集荷は芝先と持駄に限定されることが推測されよう。

第四には、売立て（販売）金額から買入れ（仕入れ）金額を差し引いたのが会所益銭であるが、会所益銭は必ずしも売立て金額の多寡によらないことである。殊に旅荷皮革の益銭が小さいことに注目する必要があろう。

第五に、松原革会所が皮革を販売する場合、旅荷・芝先・持駄を一セットにしていたことである。このことは販売先のものの特定も含めて、その性格を明らかにしていく必要がある。

第三編　被差別部落と周縁民衆の生活

第一章　近世における民衆の放浪

一　放浪者への眼差し

　いわゆる放浪者の近世における実態はどんなものであったのか検討してみると、これは大きく四つに分かれよう。

　まず、純然たる物貰いが挙げられる。いわゆる障害者、足が悪いとか、盲目といった非健常者の世界の人たちである。物を貰って生計を立てる。

　二番目が、節季候《せきぞろ》や万歳《まんざい》や春駒《はるごま》という門付芸人である。

　それから三番目は、交易の担い手としての技術者集団である。この集団についてはほとんど研究がなされていないが、箕直《みなお》しや筵作《むしろづく》りをする人たちなど、いわゆる山窩《さんか》や野鍛冶《のかじ》の集団である。

最後に、信仰の伝達を行う宗教者、勧進僧や六十六部《ろくじゆうろくぶ》、巡礼という托鉢・勧進する乞食宗教者である。

その他に、漂泊者には「おげ」がいる。「おげ」というのは、小船でやって来て、筑後川などの川べりに船をもやって、一カ月間くらい暮らす、そしてまた次の漁がよく獲れる所へあちこち転々として回る。「かんぬん」とも呼ばれるが、漂白する漁民のことである。

村を動かない定着民の百姓と、村から村へ転々として渡り歩く漂泊民との交流のダイナミズムの中に、解放への道も準備されているのではないかと考える。そして放浪者へ投げかけられている一般人の眼差しは、どちらかというと蔑視しているものである。よそ者が来たとか、災いをもたらすかもしれないというような怖さが、村の百姓たちに代表される定着民にはあり、放浪者には何とか早く村を去ってもらいたいという、漂泊民を厄介者扱いする存在でもあった。

二　放浪者の社会的意義

ところが、この忌避されている放浪者と定着民が出会う場所が、近世のマツリの場である。マツリは情報交換を行う場所でもあるが、その場合、放浪者がもつ社会的な意味は、一〇〇年一日のごとく同じ生活を送っている百姓たちの世界に対して、やはり新しいインパクトをもたらす存在ではなかったかと考えられる。新しい世界の知識をもたらしてくれるという点で、非常に重要な意味をもっている。

定住者である百姓が新しい知識を習得する場合、その方法としては、百姓自身が旅に出るということが一つ、それからもう一つは、よそから来た放浪者から新しい情報を得る、また技術を学ぶということがある。そのような知識、技術、信仰などの伝達、いろいろな新しいものを停滞的な生活の中に放浪者が放り込んでくれることが、非常に大きな意味をもってくる。そういうマツリの場における出会いというものが、村の生活に一つの衝撃を与え、生活を考え直す一つのチャンスをつくる。もちろん、村の生活を変えていくのは百姓自身であるけれども、我々が想像する以上に、近世の社会では情報の流通を活発にやっていたのではないか。

そのような放浪者のもっている世界が、健常者の世界や日常的な生活を送っている百姓の社会とどういう接触をもつのか、またもたさせられたのかということに注目したい。史料の中ではアウトローの世界は犯罪史料としてしか表れてこないが、もっと注意深く探っていくと必ずしもそうではない、いろいろな民衆の活発な交流の姿が表れてくる。そしてそれが、幕末の「ええじゃないか」といった民衆運動に火をつけ、明治維新の原動力となっていった

図3－1　被差別民の巡業コース

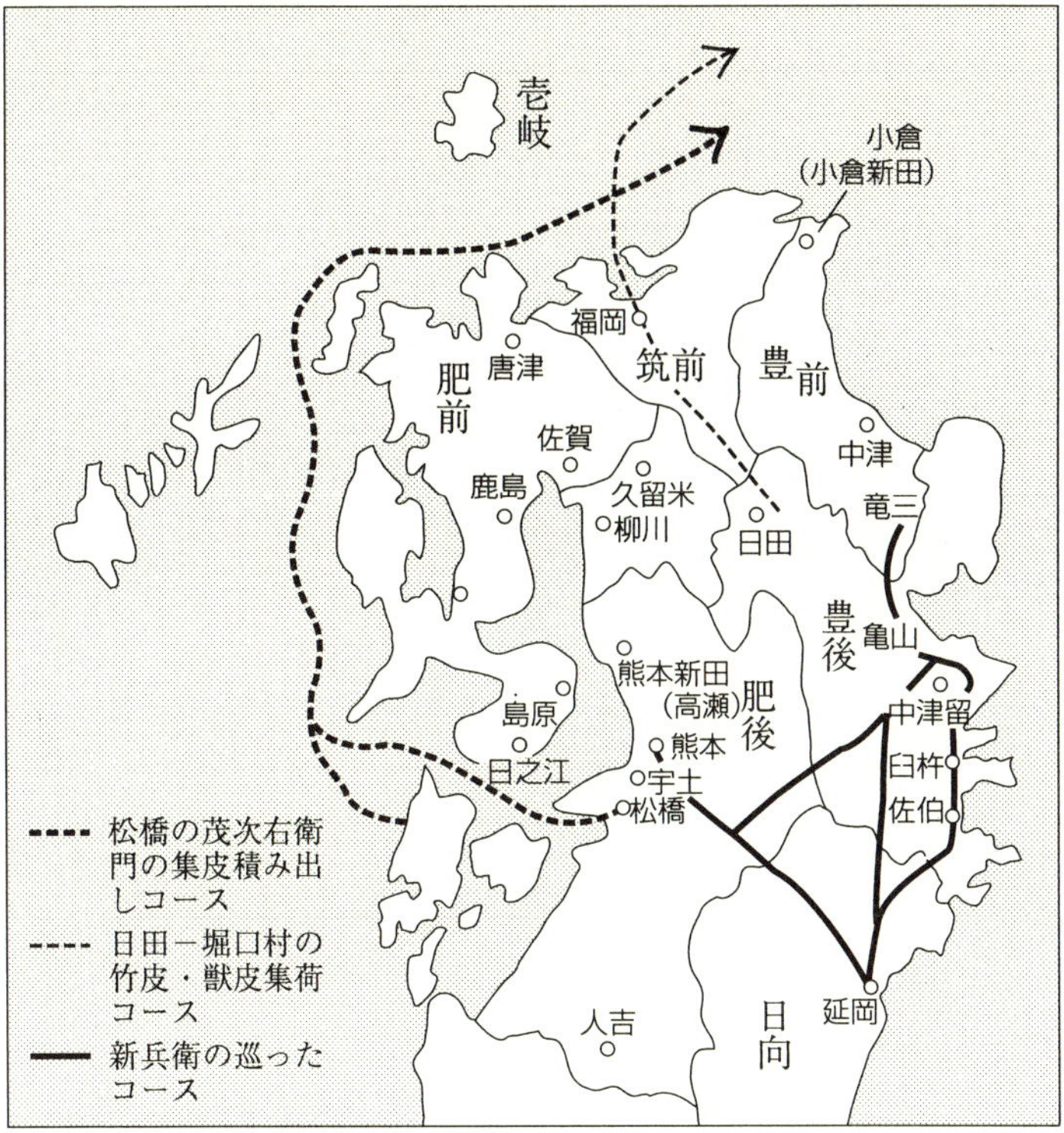

のであろう。私はそのような道筋を辿ってみたい。

放浪という形で彼らがどのように活動していたのか、寓目した一、二の史料で検討しておく。

図3－1を見ると、一つは宇佐の被差別部落民の新兵衛が、豊前・豊後・日向・肥後と藩境を越えて、雪駄直しの仕事をして回ったルートが浮かんでくる。

また大分県の日田から筑後川を下り、福岡藩の堀口村の職人たちに竹の皮や獣皮などを提供し、細工物を大坂に積み出すという今一つのルートがあった。それからもう一つ肥後のルートは、「松橋穢多仲間より、天草内ニ拾九ケ所へ納屋建有之候、即前ニ有之通船三艘、郡中乗廻候」と史料に出てくるように、松橋の茂次右衛門が采配をふるって、大坂へ天草の皮革を集荷して送っている、というケースである。

これらは寓目したところのもので、これ以外にもいろいろな事例があるのではないかと考えられる。それらは目的をもった人の移動の問題ではあるけれども、それほど意識的でなく、ただ単に物貰いのため、高千穂の山里などできびの実を門付してもらって、一升五合ほどたまったのでそれを売りにいき、日常用具を買い求めるという、乞食の生活のようなさまざまな事例をマッピングしていくと、この九州路の街道ではいろいろと活発な往来がなされていたであろうということが推測できる。

一つの事例として、宮野原恭男「高千穂商人の他領との交易をめぐって」(『宮崎県史研究』第八号)を取り上げておく。延岡藩の高千穂郷に所在する七折村(現日之影町)の造り酒屋が菜種を一〇〇〇俵、熊本藩の庄屋に持っていき、それを米一〇〇〇俵と交換するという約束で取り引きを行った。ところが相手がなかなか米を支払ってくれず、結局何十年経過しても返してくれないということで訴訟となったという事件である。ここでは、取り引きの結果よりも延岡から熊本までの交易のルートに興味がもたれる。その時のコースは、延岡から宮水（高千穂郷役所の所在地、現日之影町）、さらに高千穂から馬見原へ抜ける交通の要所である。そして、馬見原から矢部を通り、御船から熊本へ抜けるというコースを辿っている。こういう民衆の交通路というものが存在していたことが分かる。いわゆる間道というか、自分たちの交通路を民衆がもっていたと言えよう。

そしてそのルートは、一面では中世から続いていることも明らかである。服部英雄『景観にさぐる中世』では、南九州には日向国府、大隅国府、薩摩国府、それから肥後国府と四つの国府があり、それらを結んでいる交通路が古代以来の街道であると説明している。ところがそれと関係無く、例えば一ツ川をさかのぼって猪鹿倉越を通り、そこから山越えして球磨川の上流を下り、人吉を抜けて八代まで行くという庶民の交通路が、中世の交通路をそのまま引き継いだ形で使われていたことも服部は明らかにしている。こういう、民衆がどういうところを歩き、どういうところを放浪して廻ったかという、一つの目星をつける時に、やはりマツリという場が結節点になるのであろう。

一六三九（寛永一六）年八月一日より九月朔日を限り、警備やその他のさまざまな雑用を命じられる村が浜之市にあり、さらに「市中の盗人ハ、放生会なめりとて死罪を宥め、片鬢《かたびん》を剃除し、朱丹をぬり、髪結穢多役として浜中をわたし、御領の境目に送りて追放つ」（『大分市史』上巻）と、追放刑に処したことが述べられている。これが、「朱頭」の始まりということで、浜之市のマツリがどう行われていたかということがここでは述べられている。府内藩の人口は四万人位であるから、府内藩の人口を全部集めたくらいの人が浜之市のマツリに来るのであって、遊女と芸妓の小屋を建てたり、富籤《とみくじ》や博打をして儲けたり、参詣者を遊ばせるいろいろな算段を府内藩ではやっている。そういうところに、やはり物貰いの人たちや漂泊者も流れ込んできて、そこで見聞したことを他のいろいろな所に出掛けて「由原八幡宮の放生会はなかなか賑わう。あんたたちも一生に一度は行ってごらん」というような話をすると、村の人たちは小銭を貯めて行ってみようかと思うようになる、そこでまた見聞が広げられていくということがあったのであろう。

それに対して、定「非人」や皮多がもっている役割というのは「番」であって、したがって、そういう野「非人」たちが入り込んでくるのをいかに監視し、トラブルを起こさないようにして追い払ってしまうかという、放浪者と対立する立場に置かれていた。これは身分が違うと言っていいくらいの対立構造をもっており、同じ「非人」という言葉では括れない性質のものであろう。それに定「非人」は皮多と一緒に仕事をしているから、行政の末端に位置付けられていると言えよう。それが、アウトローの野「非人」とは真っ向から対立する性格であった。

三　下層民衆の放浪と流動

幕府による放浪の規制

そこでまず、放浪に対する幕府の政策を制度史的に簡単に押さえておこう。幕府による放浪の規制は、近世初期から中期の段階でいろいろとなされていく。そして享保期になると、身分制の引き締めが盛んに行われるようになる。

まず、野「非人」の人返し策が強化される。そのためには「非人」身分を体制として把握することが必要になってくる。いわゆる仲間組織を作って秩序を維持しなければならない。それから、「非人」たちを野放しにしておくといけないということで、「非人」小屋を設置し、「非人」小屋頭・「非人」小屋主と「非人」小屋者という、一つの秩序の中に位置づけることが、幕府の政策によって行われる。

近世後期になると、「非人」の統制保護から少し視点が変わってきて、風俗取り締まりの方に力点が置かれるようになってくる。身分をはっきりさせて統制しやすくするというように統制の方に力点がかかり、保護の側面は薄くなっていく。このことは幕府の法令集である『御触書集成』(『御触書寛保集成』、『御触書宝暦集成』、『御触書天明集成』、『御触書天保集成』

上・下）を見ると、はっきりと現れていると言えよう。

管見の限りでこの『集成』から「非人」・放浪者関係をまとめると、表3—1のようにな

表3—1　非人・放浪者関係の幕府法令

寛文二（一六六二）年	出家・山伏などに宿貸、並びに念仏講・題目講に関する規制
一二（一六七二）年	勧進の規制
延宝二（一六七四）年	「非人」かたつけと「非人」乞食のこと
八（一六八〇）年	町内乞食・「非人」の所払い
天和四（一六八四）年	出家・山伏・行人・願人の念仏題目の規制
元禄一（一六八八）年	旅人取扱
宝永一（一七〇四）年	女巡礼の取締
五（一七〇八）年	出家勧進の規制
六（一七〇九）年	女巡礼の勧進規制
七（一七一〇）年	女巡礼の勧進、念仏講中の歩行規制
享保八（一七二三）年	願人作法
九（一七二四）年	大仏像持ち歩き勧進の禁止
一〇（一七二五）年	倒死病人などの件
一八（一七三三）年	宿々病人倒死の者取計の件

延享四（一七四七）年	旅人取扱
寛延一（一七四八）年	「非人」共、武士方・町方より祝儀貰いの件
明和四（一七六七）年	病人・倒人など取計の件
安永七（一七七八）年	「穢多」・「非人」風俗の件
寛政一（一七八九）年	無宿・物貰の徘徊と押し貰の禁止
一一（一七九九）年	乞胸身分の事
文政五（一八二二）年	江戸四カ所「非人」勧進の件
天保一三（一八四二）年	無宿野「非人」旧里へ帰郷其外取計の件
	配下之願人共教示行届候様申渡書
	国々城下社地へ歌舞伎呼寄せ芝居興行厳禁の触書
万延二（一八六一）年	無宿共函館表え差遣候件
文久二（一八六二）年	香具師其他人別帳の事
年不詳戌年	素人より「非人」手下に相成候節のこと
酉年	夙之者の件
酉年	「非人」共日勧進、「穢多」・「非人」に類し候もの取調の事

る。

寛文二（一六六二）年から文久二（一八六二）年までの分をまとめると、近世初期・中期・後期という時代ごとの特徴が現れていると言えよう。まず近世初期の法令を見ると、寛文二年には「念仏講」に関する禁止ではなく、どちらかというと規制するというニュアンスが強いものが出てくる。寛文一二（一六七二）年二月には、「一　勧進仕候大神楽法度候間、町中宿借シ申間敷候、只今宿借者有之候は、来ル九日内寄合え可罷出候、寺社方御代官所より町中大神楽をも改、宿を書付、可差上事」とあるように、よそから門付けにやって来た者の宿を調べておくよう指示している（『御触書寛保集成』四十二）。

そして「一　大仏を荷せ、町中出勧進仕候もの、并うてかう高あしたの行人宿仕候者有之候は、書付可差上候、他所より出候ハヽ、是亦宿所を書付可差上候事」という具合にして、放浪芸人たちに対する宿を規制することから始めていく。享保九（一七二四）年には「一、大仏之像持あるき、又ハ車ニて引通り、町々勧進いたし候義、粗有之由相聞え候、自今ハ堅可相止候、若相背候ハヽ、急度可申付候」となって、勧進興行を規制するという方向で法令が出される。

近世中期に入ると、享保一〇（一七二五）年には「倒死病人等之儀ニ付町触」（「棠蔭秘鑑元」、『御定書』上巻）が出される。

その中に「倒死病人、水死其外異死、迷子等有之節ハ、所より訴出次第云々」とあり、道端で倒れ死んだとか、水死したとか、何か普通の状態ではない死に方をしている者、それから迷い子や子供を棄てたりするようなことについて規制を加えてくるのが、近世中期の特色のようである。それは明和四（一七六七）年くらいまで続いている。
安永四（一七七五）年以降、近世後期に入ると少し様変わりして、風俗取り締まりという方向に重点を置くようになる。その傾向は寛延元（一七四八）年の「近来非人共、武士方町方より祝儀貰候節」の法令から始まるようである。

寛延元辰年十二月

一　近来非人共、武士方町方より祝儀貰候節、祝物多少之儀は人々志ニて、定り候儀無之候処、祝儀之鳥目等少ク候得は、彼是ねたりケ間敷儀を申、押て過分之祝物可請旨致候由相聞え、不埒ニ候、其外宮地等ニおゐて、歴々参詣之男女えも非人共大勢付添、無体ニ鳥目ねたり候由相聞、無礼至極不埒ニ候、勿論非人共之儀祝儀貰候儀を差留候ニは無之候得共、以来武士方町方其外往来え対し候ても、右体之無礼無之様、小屋頭共え申渡之趣相心得候様ニ、急度可申付旨、ゑた弾左衛門、非人頭善七、松右衛門え申付ル

右之通、今日被仰渡奉畏候、向後急度申付、右体之不埒無之様ニ可仕候、為後日仍如件

十月

右之通、ゑた弾左衛門、非人頭善七、松右衛門え証文申付候間、其旨相心得候様、年番名主え申渡ス

（『御触書宝暦集成』三十二）

こういう幕府法令を無作為に並べてみても、初期と中期と後期の幕府の放浪者対策の変化が読み取れる。このように秩序維持が基本ではあるけれども、近世初期の場合は物貰い・勧進興行を規制し、中期に入ると行き倒れの旅人の保護・統制策、近世後期になると風俗取締まりと農村の秩序の安定ということに重点が置かれてくると言えよう。問題は、近世後期の農村秩序安定、風俗を取り締まることに重点が置かれた幕府の政策がとられていくと、農村に流れ込んでくる放浪者・物貰い・乞食という人たちを排除するということが当然出てくることとなる。

四　四国の被差別部落と放浪者

被差別部落の分布

まず四国の事例を表3－2で検討すると、他所に比べて「えた・ひにん」の全人口数に占める比率が非常に高いことが注目される。

伊予国大洲藩の七・四四％、新谷藩の五・八一％、阿波国徳島藩では一五・六三％という

表３－２　明治初期の「賤民」統計表

国名	府藩県	合計 戸数		合計 人口		合計 男	合計 女	備考 人口総数	備考 うち平民比	備考 賤民比
伊予	今治		475		4,036	2,006	2,030	75,102	87.68	5.37
	小松		100		408	208	200	15,155	91.92	2.69
	松山	*2,047*	2,050	9,651 *9,643*	9,651	4,972	4,679	211,882	87.56	4.55
	西條				2,508			61,036	89.13	4.11
	吉田		105		672	324	348	54,160	92.04	1.24
	宇和島		639		4,562	2,339	2,223	169,526	92.10	2.69
	大洲	*921*	1,064	4,751 *4,751*	5,585	2,875	2,710	75,102	87.68	7.44
	新谷		143		834	441	393	14,357	87.08	5.81
	多度津		596	2,697	2,697	1,373	1,324	134,285	91.99	2.01
讃岐	丸亀		54		180	93	87			
	高松		1,276	5,772	5,772	2,773	2,999	305,197	87.89	1.89
阿波	徳島				19,232			123,046	53.13	15.63
土佐	高知	*3,396*	3,395	17,166	16,894	8,609	8,285	516,545	86.22	3.32

出典：秋定嘉和「明治初期の『賤民』統計表について」（『部落解放研究』第２号）
なお，各数字の違いについてもそのまま引用した。詳しくは同論文参照のこと

表3－3　香川県の被差別部落（1932年現在）

郡名	部落数（箇所）	戸数（戸）	人口（人）	1戸当（人）	1部落当（人）	主たる職業			
大川郡	8	218	1,060	4.9	132.5	農業6	日稼3		
木田	6	175	829	4.7	138.2	〃 5	〃 2	商業2	
香川	4	314	1,590	5.1	397.5	〃 0	〃 4	〃 2	
小豆	8	410	1,829	4.5	228.6	〃 3	〃 6	〃 3	漁業2
綾歌	10	261	1,303	5.0	130.3	〃 6	〃 3	〃 5	
仲多度	4	141	787	5.6	196.8	〃 3	〃 2	〃 2	
三豊	8	182	966	5.3	120.8	〃 5	〃 1	〃 7	
計	48	1,701	8,364	4.9	174.3	28	21	21	2

資料：「全国部落調査」1933年版

驚異的比率を示す。それは大和国櫛羅藩の三一・二二％に続いて全国で二番目に高いものとなっている。表3－2では香川県域の讃岐国丸亀藩・高松藩はそれほど高くないが、香川県の郡別に被差別部落の分布を検討すると（表3－3参照）、やはり一つの特色を指摘できる。すなわち被差別部落の分布を地図の上に落としてみると明らかになるが、讃岐山脈の山間部をはずして、瀬戸内海に面した沿岸部か、商品生産が発達した讃岐平野、または金刀比羅宮を中心とするお寺の所在地などの地域に被差別部落が色濃く分布していると言えよう。

それに今一つの特徴は、直島や小豆島などの小島に被差別部落が分布することである。

一九九四年一〇月一五日、因島で開かれた全国大学同和教育研究協議会のシンポジウムで、沖浦和光が「瀬戸内の被差別部落と家船漁民」と題して話したことを協議会の「通信」で知ったが、簡単なその記事によると、①瀬戸内島嶼部および沿海部に数百の部落があること、②瀬戸内海民および芸予諸島の部落の歴史研究が乏しいこと、③瀬戸内水軍の系譜のうち豊臣政権に抵抗した人々の一部と家船漁民および瀬戸内島嶼部の被差別部落が重なってくることを指摘したという。

ところで、北海道や琉球には被差別部落が全く存在しないと言えるが、それだけではなくて、南の方から挙げていくと、奄美大島、種子島、屋久島、天草島などは江戸時代全く被差別部落のことは記録されていない。対馬は、近世後期対馬藩の財政政策の必要から鳥栖の対州領から移入されているだけで数は多くない。佐渡島は、鉱山の開発のために「非人」のみが送り込まれて明治初期二七八人を数えるが、その比率は〇・二七%のみである。そのような島々と比べて、香川県域の島々に被差別部落が存在し、直島町で一八一人、小豆島で一八二九人を数えることは、瀬戸内海の海上交通との関連で、今後研究を進めることが必要であろう。

江戸時代四国の被差別部落の分布については、三好昭一郎「近世讃岐部落史の研究」や福岡実一「伊予における近世部落の形成過程」などの論文が『四国近世被差別部落史研究』にまとめられているのでそれらを参照していただきたいが、四国の歴史に疎い私が、明治初期ないしは昭和初期の近代資料によって、あえて四国被差別部落史の特徴を問題とするのは、九州、殊に東九州の被差別部落と瀬戸内海を通じての交流を問題にしたいからである。

近世芸能集団の巡業コース（瀬戸内海沿岸部と九州との交流）

先程四国の被差別部落の分布に言及したが、それは瀬戸内海沿岸地域の経済的発展を反映したものでもあった。四国の瀬戸内海に面した各藩では、農民的商品経済の発展をなんとか己の懐に吸い上げようとして、そのため被差別民衆を流通の監視役に仕立てて統制しようとしたとも言えよう。しかし被差別民衆の中には、村共同体の規制や差別を逃れて、新しい土地を探して放浪の旅に出る者も当然出てくる。

それは第一に、まず合法的に祭や市で行われる芸能興行への参加という形をとる。

神田由築「近世芸能興行の〈場〉の形成と展開」（『身分的周縁』所収）はそのことを的確に分析している。詳しくはその論文を参照していただきたいが、豊後国の浜之市に上方や金毘羅芝居が招かれて行ったことが明らかにされている。神田由築は、江戸時代の瀬戸内海における芸能興業は、①一七世紀後半から一八世紀前半までと、②一八世紀後半以降との二つの時期に分けて考えられるとしている。第一の時期の特色は、地方を巡回する芸能集団が江戸・京都・大坂の有名な役者を頂点にしたヒエラルキーを反映しているという。さらに三都の芸能集団の地方巡回で、宮島・金比羅・浜之市などの地方の「場」を結ぶ巡業コースが旅

図３－２　瀬戸内海地域図

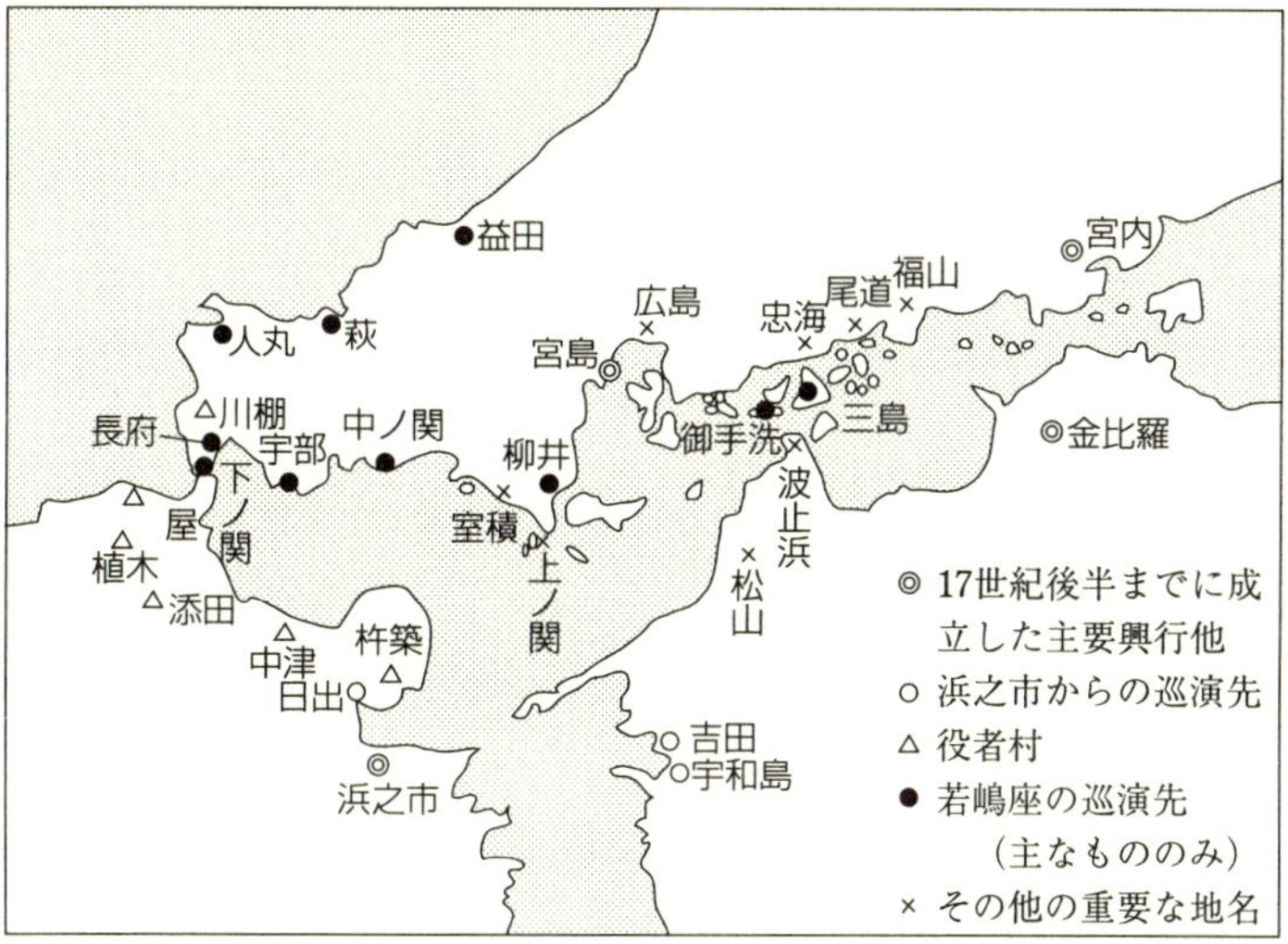

出典：神田由築「近世芸能興行の『場』の形成と展開」より

廻り役者なども含めて形成されてきたことが注目される（図3―2参照）。そして第二の時期、一八世紀後半になると、瀬戸内海や北部九州・中国地方に芸能集団の本拠地としての役者村が成立して、第一期の巡業コースと結びついてきたとしている（表3―4参照）。

それに、遊女集団とか「粋方《すいほう》」と呼ばれる仁侠の集団など様々な民衆が関わってくる。これらの事実の分析は大変貴重であるが、さらにこれらの芸能人の巡業コースに、野「非人」を中心とする民衆が祭や市の賑わいをあてこんで群がってくる事実を重ねて考えてみる必要があるように思う。そのような賑わいの場所への民衆の流動は、近

表3－4　生嶋柏崎・鶴川小伝次の地方巡演

年　　月	浜之市芝居	金比羅芝居
享保6（1721）年10月		鶴川小伝次
7（1722）年8月	生嶋柏崎	
〃　10月		生嶋柏崎
8（1723）年10月		〃
13（1728）年8月	鶴川小伝次	
〃　10月		鶴川小伝次
14（1729）年8月	生嶋柏崎	
〃　10月		生嶋柏崎，鶴川小伝次*
15（1730）年3月		生嶋柏崎
16（1731）年10月		〃
17（1732）年10月		〃
19（1734）年10月		〃
20（1735）年10月		〃
元文4（1739）年10月		〃

浜之市については「府内藩記録」甲31・甲43・甲44－2による。金比羅については掲載年号の「日帳」による
＊の鶴川小伝次は享保14年2月に，浜之市の近くで行われる春日芝居に来演している（「府内藩記録」甲44―2）
出典：前出「近世芸能興行の『場』の形成と展開」より

世後期になるにしたがって次第に増加すると考えられるが、そのことを次に海上交通との関連で検討してみる。

小舟と大型船による海上交通の発達

上村雅洋『近世日本海運史の研究』は、讃岐国直島の海難史料から米穀流通と廻船の問題を取り上げている。直島群島は幕府領として倉敷代官の支配下にあったが、群小の磯場が多く潮流の変化が激しい所であったので、海難事故が多発している。貞享四（一

六八七）年から明治三（一八七〇）年までの米穀輸送の廻船事故一〇三件のうち、九州関係を拾ってみると、その積み出し港は豊後国が八件で、次いで肥後国六件、あとは二－四件となっている。それらの船籍は豊後国が圧倒的に一〇件と多く、瀬戸内海を通じて大坂と豊後国など東九州との大型船によるつながりが強かったことを示している。また、商品の輸送に当たった廻船の規模別に検討すると、九州地域では筑前が七件で中小規模の廻船が中心となっていた。肥前国は五件で中・大規模廻船が中心であり、以下豊前二件、豊後二一件、日向六件でいずれも中規模廻船が中心となっていた。薩摩の五件は大規模廻船が中心となっていた。中でも豊後廻船は、蔵米・莚を中心に大豆・海産物・干鰯・タバコ・薪・炭・竹など、日向からは炭・木材・紙・苧・茶・木蠟など山林関係の産物を多く積んでいて、一つの特色をもっている。このような比較的大きい廻船での海上輸送に対して、他方では小舟による瀬戸内海航行も行われていた。表3－5からは、鹿児島藩から細々としたものを二－三反帆

表3－5　小船による藩外取引

	日付	船の大きさ	乗組員	積登先	積荷
1	?	三枚帆一艘	豊後国佐賀関町船頭 平五郎	帰国	菜種子四十九石五斗 煙草五十斤、着替入

			水手 〃 吉五郎		柳籠一ツ、風呂敷包一ツ、掛硯一ツ
2	戌七月三日	片廻九石九斗五升積一艘	船頭内之浦之 虎吉	為商売方瀬戸内表へ	□□三千二百本
3	戌七月六日	〃十石一斗五升二合〃	船頭波見之 辰五郎	〃	菜種子三十石
4	戌十月十六日	〃四十石七斗〃	船頭波見之 仁右ヱ門	為商売方大坂表へ	玉子六千、小□六俵、菜種子百五十石
5	?	三枚帆一艘	船頭豊後佐ケ関之 松五郎 菊治	為商売方当浦へ入津	着替入柳籠一ツ、飯米櫃一ツ、塩五百俵、豊後煙草三丸
6	文政五年閏一月	二枚帆〃	船主小根占下町之 辰次郎 水主 右男子之 熊助 〃 中宿 清右ヱ門	為商売方知覧門之浦へ差越居候処、難破	油粕十俵、柳籠一ツ（木綿十反、金子五両）、木綿入莚表五表、茶五表、塩三十表、風呂敷包二ツ、椀二束

備考：本表のNo.1－5、大隅国高山郷波見浦柏原家文書断簡より、No.6は参考のために、文政五年「御廻文留」（川辺郡知覧町町立図書館蔵）により作成した。なお、No.1－5は、他の断簡により、嘉永三年度分の一部かと思われる

（二〇―三〇石積みか）の小舟で輸送していた様子が窺える。

先ほど触れたところでは、沖浦和光は大型船での瀬戸内海航行を想定していたようだが、瀬戸内海の交通には、大型船による大坂直行便と、沿岸沿いに港を伝って航行する小舟のものと、その用途に合わせていろいろな規模の船が往来していたと考えられる。そして、小舟での移動に頼って被差別民衆や底辺の民衆の行動範囲も広がっていったことと想像される。

権力による民衆移動の規制

近世社会初期、被差別民衆の流動性がどのようなものであったのか、必ずしもはっきりしないが、単なる旅であっても、門付をしながらの放浪であっても、手に職をもった渡り職人の移動であっても、下層民衆の顔ははっきりとは見えないものである。彼らが顔をのぞかせるのは、法令に違反したり、事件に巻き込まれるなどトラブルが生じた不幸な時に限られているとしてよかろう。したがって法令が出されるのは、その取り締まりが必要とされるほど違反が多くなった社会現象を反映していると考えて資料を読まざるを得ないが、その際に法令や判決書は貴重な手がかりを与えてくれる。

そこで、瀬戸内海沿岸部の諸藩から検討すると（表3―6）、まず注目されることは、各藩を通じて他所者を排除しようとする支配者側の意図であろう。

表3－6　近世下層民衆の旅・放浪

寛永一四（一六三七）年	豊前国宇佐宮社官、旅人への宿貸しを禁止
一六（一六三九）年	八月から九月一日まで豊後国浜之市開催
万治三（一六六〇）年	豊前国中津藩、江戸より来る奉公人に宿貸しを禁止
天和三（一六八三）年	徳島藩、無札の乞食・「非人」・修行人の取締を行う（一六八五年にも同一法令）
四（一六八四）年	徳島藩、御堂や野原で渋紙・莚を張って暮らす「非人」・乞食の内他国者は追放（一六八五年にも同一法令）
貞享一（一六八四）年	豊前国中津藩、不審者を訴え届けることを指示
元禄六（一六九三）年	日向国の上方「非人」を武士に払い下げ
正徳二（一七一二）年	日向国高鍋藩、旅人の無断宿泊、鉢叩きの立宿禁止
享保一三（一七二八）年	日向国高鍋藩、身元不明の浮浪者を国外追放
元文三（一七三八）年	山口藩、他領の乞食・「非人」を追放
四（一七三九）年	大坂商人、伊予国で無宿となり長崎で所払いとなる
五（一七四〇）年	西条藩、「かま祓」から「えた」・「非人」を排除
宝暦二（一七五二）年	豊前国中津藩、「えた」・「非人」の家に長窓を開けるよう指示
五（一七五五）年	博多で旅「非人」を追放
安永七（一七七八）年	幕府、「穢多」・「非人」の風俗取締令を通達
天明三（一七八三）年	豊後国杵築藩、諸勧進の農村立ち入り禁止

文化六（一八〇九）年	豊後国杵築藩、「穢多共心得違いこれ有り、取締仰せ付けられ候事」を令達（『執睨録』）
九（一八一二）年	幕府、「えた」・「非人」の欠落の取り扱いは、百姓とは差異があることを指示（一八一四年九月にも同一法令）
文政一（一八一八）年	豊前国宇佐郡の「口達」（他にも所銀札について）
天保五（一八三四）年	徳島藩、他国の無切手の「胡乱者」を追放
	松山藩、讃岐の不穏な状況を警戒して「えた」に廻村させる
八（一八三七）年	大洲藩、遍路体の旅人取締
	宇和島藩、間道から入る遍路を取締
一三（一八四二）年	幕府、無宿・野「非人」の旧里帰農令
一四（一八四三）年	豊後国杵築藩森野屋武兵衛、無手形の旅人滞在で教戒を受ける
嘉永一（一八四八）年	西条藩、乞食の追放のため組廻りの「えた」番を設置（一八五四年にも同一法令）
安政四（一八五七）年	松山藩、物貰などの立ち入り禁止
	伊予国常兵衛、「えた」の船で広島へ出かけて里芋を販売、取り調べられる
万延一（一八六〇）年	伊予国、胡乱な旅人・遍路の取締を「えた」に命じる
	西条藩、乞食番六カ村の制度始まる
元治一（一八六四）年	松山藩、風早郡「えた」広島藩倉橋で新造船を買い入れ、帰途遭難

出典：九州以外は『編年差別史資料集成』（三一書房）、九州関係は各藩法令その他

ということは一七世紀以降、下層民衆が少しでも良い生活を求めて、諸国を廻り、夢を追い求めたことが想像される。おそらくおびただしい数の民衆が移動し放浪したことと思われるが、貞享元（一六八四）年の記事に出てくる「非人」・乞食は、渋紙やむしろを張って雨露を凌いでいる。その姿は、現代のホームレスと完全に重なる。それから今一つ注目されるのは、元文五（一七四〇）年、西条藩で発布された法令に見られるように、「えた」・「非人」を竈祓いや祭礼から排除していることである。それはなにも西条藩に限られたことではなく、全般的に見られる政策であった。文化九（一八一二）年、幕府が「えた」・「非人」の欠落者すなわち行方不明者の取り扱いについて、百姓とは差別することを当然のことのように指示していることは、そのような認識が一般的であったことを示している。しかし、被差別民衆も精一杯に生きようとした。安政四（一八五七）年、伊予国常兵衛が、おそらく自分のささやかな畠で作った里芋を売ろうとして、藩境を越えて広島へ出かける時利用したのは「えた」の船であったことに注意する必要がある。もちろん瀬戸内海沿岸部なり島の被差別民衆は漁業に従事している人が多かったから、このような事例は数多くあったことと思われる。また元治元（一八六四）年には、松山藩の被差別民が新造船を求めて広島へ出かけることに大変な努力を払っている。これらの被差別民による小舟での瀬戸内海航行は、下層民衆の移動にも度々利用されたのではないかと考えられる。

五　放浪者と九州諸藩の対応

藩法による規制

さて、瀬戸内海を通じて関西と結ばれる九州の下層民衆は、どのようにしていたのだろうか。東九州各藩の法令からその間の事情を窺ってみる。

寛永一四（一六三七）年一一月一四日、豊前国の「宇佐宮社官請状」（宇佐市「到津文書」）は、「諸牢人・旅人・不知者ニ宿かし申間敷候」としていて、社参人であっても家・宿に寄せ付けてはいけないとしている。この請状は、他に火の用心と他領への縁組・奉公を禁ずる二カ条を付記しているが、このような禁令を出さなければならぬほどの社参があったということでもあろう。このように活発となる民衆の移動は、例えば府内藩の浜之市で開かれる祭に大変な人出となって現れるものであった。ここで行われた芝居興行の様相については先ほど述べた通りである。

少し時代が下るが、延宝三（一六七五）年九月、市立の時、祝部左近が雇った三人と下人二人が、「島原ノ横目」と称して、市場の見せ小屋を破壊し、色々の狼藉を働いたという。他方、祝部左近は宮左古忠兵衛に命じて芝居興行に関して私欲を図り、また林木を盗んだかどで島原奉行へ訴えられている。このような所行は、市場の賑わいを前提にして初めて理解できることであり、私欲を図るためにいろいろと嫌がらせまで行っている。このような賑わいを当て込んで、下層民衆、特に「非人」の乞食が集まってくる。そして、浜之市周辺の被差別民や番「非人」たちが、行刑の役目として野「非人」の取り締まりに当たることにもなる。参考史料を次に挙げておこう。

祝部左近公事次第覚案

一同年九月市ノ時、左近費用者三人雇、下人二人相添、似横目ヲ仕立、嶋原ノ横目ナト申、市場ノ見セ小屋ヲ所々打破、商人ヲ妨、往還ノ道ヲ差留、種々ノ狼藉致、又宮左古忠兵衛ト申者ニ申付、芝居ニカ、リテ私欲ノ事共致、大尾山ニテ林木ヲ盗取近在ニ売申事、日々夜々ノ事也、此事嶋原ニ訟状差出申所ニ、奉行尾崎角兵衛・清水市兵衛・種村新兵衛御吟味ノ上ニテ対決トトゲ(ママ)、左近非道《一々重科》ニ落、左近父子子右近共ニ閉門、神職モツシエ此事ツイデ□□□左近・心乗坊・左兵へ実ノ《無》○《議》事ヲ請タル事ナト一々申分イタシ、同十一月四日ニ帰ル

(『大分県史料』(二九)第一部補遺(一))

ところで中津藩の法令によると、万治三(一六六〇)年、宇都宮町肝煎の連判で覚書を出

しているが、その第一条で「江戸より来ル奉公人」に一切宿を貸してはならない、としている（『中津藩　歴史と風土』第一輯）。

貞享三（一六八六）年の覚書でもまた、次のように、「あやしき者」に宿を貸してはならないとしているが、その付加法令では、不審な者が堂宮や山林に隠れ潜んでいる時は訴え出るよう申し付けている。

覚書

一あやしき者に一切宿借へからす、旅人用事有之候而一夜之外泊候ハ、其子細名主・役人
江可相断之、名主・役人町奉行所江可申出事

附、不審成もの堂宮・山林にかくれ居候もの有之者、見出し次第町奉行所江可申出事

　貞享三年寅五月日

一往還之者自然頓に煩、又者道に倒居候もの有之は、其所の役人早速立合致看病指置、町
奉行所江申出之、可請差図事

　元禄十年丑八月日

（「町中御條目御書附」壱）

表３－７　臼杵藩「非人」の番役

年代	「非人」の役目
享保19年	見ケ締めとして市場近所へ「非人」一人召し置く
	往来筋に小屋懸けして「非人」一人召し置く
宝暦７年	延岡領文治を夜回りのため召し置く
天明４年	道尾稲荷森に不審者あり，目明・「非人」吟味
８年	不審者が入り込まないように「非人」へ申し付ける
寛政３年	不審者入込みにつき，追い払いを「穢多」・「非人」へ申し付け
５年	見ケ締めとして村端に村「非人」弥吉を召し置く

出典：『おおいた部落解放史』創刊号より

このことから、野宿を必要とするような旅人の往来が激しかったことが窺える。延宝七（一六七九）年、元禄一〇（一六九七）年には、旅人の宿泊について、一夜限りの場合は小庄屋へ、長期滞在者は郡奉行への注進を命じ、乞食・「非人」に限らず死人が出た時は番人をつけて指図を待つよう指示している。

近世後期、民衆の流動化が進む中で、幕府は身分統制について度々規制するところがあったが、豊後諸藩においても幕法を令達する形でいろいろと規制を加えていた。幕府が通達した安永七（一七七八）年の「穢多・非人風俗取締令」は有名であるが、臼杵藩でも享保末年から一八世紀後半にかけて、「非人」の役目についていろいろと規定している。

臼杵藩の「非人」たちがどういう役目を命じられたかということを表３－７で見ていくと、享保一九（一七三四）年に見ケ締めとして市場近所へ「非人」を一人召し置く、これは番人として付け置くということである。行倒者などが出てきた時は、すぐにそれを片付けたり、清めたりする、これが番人としての役目である。同じ年に、往来筋に小屋懸けをしてそれを「非人」に見張させておく、不審者の監視という役回りであろうか。

それから宝暦七（一七五七）年には、臼杵藩は延岡領からわざわざ「非人」を雇ってきている。こういうところも非常に興味深いことであって、なぜ延岡の「非人」を臼杵藩が雇わなければならなかったのか、特殊な技能をもっていたのかどうか判然としないが、これも番人として雇われてきている。それから、天明四（一七八四）年には、道尾稲荷森に不審者がいたので目明・「非人」に吟味を申し付け、天明八（一七八八）年にも、不審者が入り込まないよう「非人」に番を命じている。寛政三（一七九一）年にも、不審者の追い払いを「穢多」・「非人」に申し付けている。それから、寛政五年に、見ケ締めとして村端に村「非人」の弥吉を召し置いた。すべて番人として「非人」を役立たせるという、はっきりと放浪者対策がとられてきていることを、ここでは注目しておきたい。

こうした放浪者対策は市場や往来などの見ケ締めとしての番役を定「非人」に命じたものであるが、そのことは逆に、旅行者の往来が相変わらず激しかったことを意味するものでもあろう。

また例えば杵築藩の法令は、天明三年、諸勧進などの農村立ち入りを厳禁しているが、そのような禁令はどこの藩でも共通して見られるものであった。
宝暦二（一七五二）年、中津藩では「非人」・「穢多」の家に見通しをよくするため長い窓を開けるように命じているが、それは仲間以外の者の宿をさせないためであった。法令を挙げておく。

一非人・穢多之家腰廻りニ見通し成り候様、長窓明け申すべく候、仲ケ間は格別、其の外之者宿致すまじく候、後日ニ相知れ候ハバ曲事申し付くべく候、近村之百姓存じ候ハバ、早々申し出べく候、百姓・町人に対し我儘致し候ハバ急度申し付くべき事（後略）

（宝暦二年）申二月

（「在中御条目並御書附」）

その他の史料からも窺えるように、「非人」・「穢多」の家にそれ以外の身分のものが宿泊することもあったという。中津藩では、近村の百姓でそのことに気付いた者があれば至急届け出るよう指示している。
これらの法令などから窺える近世後期の状況は、被差別民衆の世界の裏側が意外にもアッケラカンとしていて、さほど厳しい枠組みの中にとらわれていたのではないということである。

民衆の移動と行倒者の増加

もちろんそのような祭の賑わいのみで下層民衆が安楽に過ごしたのではないことも、歴史的事実である。『四日市村年代記』（延宝三〔一六七五〕年）の記事は、次のように記している。

当年（延宝三年）春は四月・閏四月長雨が続いて小麦が不作となる大飢饉で、在郷の牛馬はもちろんのこと、農民の老若男女とも袖乞いするものが幾千人とも知れず、城下中津へ這出ても二、三日のうちに餓死者二〇〇人余りを数えている。それを長吏・穢多・非人に命じて竜王浜に仮埋めさせたが、言語に尽くせない哀れな状態である。

「非人」集団の流動には、むしろこのような悲劇が多く含まれていた。

近世後期豊前国中津藩で記録されている行倒者は表3－8のようになるが、その多くは身元不明者である。

広範な地域からの旅人、放浪者の存在が推測され、また放浪者の変死も時代を追って多く

表3－8　近世後期中津藩における行倒者

年　月　日	死　亡　者	死亡原因と場所
1768（明和５）年	他所芝居者　金作	水死（竜王浜）
1783（天明３）年	不明	行倒者
1784（天明４）年	不明	流死
	不明	行倒死（京町東学院前）
	不明	流死（竜王浜的場の後）
1787（天明７）年	御領分松尾山支配の者	行倒死（古博多町）
1793（寛政５）年	一松村助右衛門子浄喜	行倒死（船町）
	角木町五郎八	行倒死（相原町）
1799（寛政11）年	不明	流死（角木町川筋）
1801（享和１）年	御領分六郎丸村の者	行倒死（宝蓮坊門前）
1816（文化13）年	不明	行倒死（島田口勢溜）
1817（文化14）年	乞食体の老尼	行倒死（桜町下の辻）
1831（天保２）年	不明	行倒死（島田口勢溜）
1833（天保４）年	不明（占い方坊主）	行倒死（塩町）
1837（天保８）年	不明	行倒死（竜松寺横町）
1838（天保９）年	旅人	行倒死（豊後町）
1842（天保13）年	時枝領末村の者	行倒死（竜王宮）
1851（嘉永４）年	不明	行倒死（萱津社地）
1852（嘉永５）年	乞食体坊主	行倒死（寺町宝蓮坊門前）
1853（嘉永６）年	不明	行倒死（大江宮社地）
1860（万延１）年	不明	行倒死（広松村千本松）
	不明	行倒死（桜町明蓮寺門前）
	不明	行倒死（竜王小屋前）
1861（文久１）年	不明	行倒死（曾木村）
	不明	行倒死（大塚村）
	不明	行倒死（今津組井藤田村）
	不明	行倒死（上深水村）
	不明	行倒死（島田村）
	不明	行倒死（宮永村）
	不明	行倒死（中殿村）

出典：『市令録』巻之拾一

なったと考えられる。寛政一二（一八〇〇）年、日向国臼杵郡富高村の墓所付近にある牢屋が出火して、その跡に乞食躰の男が焼死体で発見されたという。その牢屋は仮牢屋であって、村里より離れていて入牢者もいず、おそらく乞食躰の男は雨露を凌ぐためにそこに忍び込んだものと考えられる。定「非人」が領主権力に掌握された者の数であり、野「非人」をも含めて流動する民衆の数は、その性質上全く知られていない。その実態は殺害事件のような異常な事態のもとでのみ、その一端を表すと考えられる。そこで、南九州の事例を取り上げてみる。

「高鍋藩御仕置年代記事」を見ると、元禄四（一六九一）年、西国巡礼禅門の円路が出雲国で病気となり、日向国本庄村の出身であるということで国元へ送られてきたが、本庄村の者ではなかったので延岡領から肥後領へ送り出そうとしたところ、肥後の番所で拒否されて、とどのつまり飫肥藩領の親類の所へ身を寄せることになったという。

円路が「親類居り候処へ参り着き、如何ようニ罷り成り候とも苦しからずと相頼む」ので、竹輿に乗せて送り届けた、と記録されている。生まれ在所へは帰れない事情があったものと考えられる。

文久三（一八六三）年には日向国塩見村で坊主の行倒者があった。その物貰い躰の坊主は、四五、六歳位で、下帯はなく、白木綿の頭陀袋を首へ懸けて死んでいたので、何者とも知れず内分に埋葬したという。それが露見して遺骸を掘り出したところ、他にも尼の死骸が出てきて、そちらの方は皮肉とも腐れ、人相格好は分からないようになっていた。詮議の結果、仮百姓代の指示に異議申し立てをしたとはいえ、銭三〇〇文を受け取って埋葬したことで、番「非人」文次郎が咎めを受けている。村役人が取り調べの煩雑さを嫌ってそのような内分の措置をとったのであろうが、そのことはとりもなおさず、そのような行き倒れの事例が多いことも示唆するものであった（薗田和哉「内藤家文書万覚書」、『部落解放史・宮崎』第三号）。

そういった中でも、被差別民衆の流動は必ずしも藩権力には充分には把握されていたとは考えられない。それは、生業が門付や細工などの渡り職人であったりすることから、各地を放浪して歩くためであった。定住化している「えた・非人」であっても、近世を通じて全般的に増加傾向にあることは九州の特徴であるが、その数が摑めない野「非人」や放浪芸能者、渡り職人などが瀬戸内海を通じて九州へ流入し増加してくることは、推測して間違いないところであろう。

近世後期における旅日雇の移動

下層民衆における移動の一つは、合法的には「旅日雇」として現れる。例えば福岡藩の場合、筑前国の西部にある怡土郡三坂村では、寛政一二（一八〇〇）年に豊後国の島原領から

表3－9　宗像郡の旅日雇

出身地	単　身	家　族	出身地	単　身	家　族
京　都	1		筑　前	1	
備　前	1		筑　後	7	7（2）
岩　見	1		肥　前	5	5（2）
周　防		5（1）	肥　後	6	3（1）
安　芸	9	2（1）	豊　前	12	18（7）
長　門	7	5（2）	豊　後	4	
伊　予		5（1）			
壱　岐	1				

出典：文久四年子三月「宗像郡旅人宗旨御改帳」
備考：（ ）内は家族数

一人、享和二（一八〇二）年には肥前国大村領から一家族四人、文化一三（一八一六）年には肥前国島原領から夫婦と唐津領から夫婦の百姓が移住してきた。さらに時代が下ると、旅日雇の出身地は拡がっていく。元治元（一八六四）年、宗像郡における旅日雇の出身地を国ごとにまとめると、表3－9のようになる。出身地が中国・四国・九州北部の各地に広範にわたっており、しかも家族で移住しているものが一七世帯もあることは驚きである。

六　おわりに

藩領域を越える経済と民衆の移動

豊前国宇佐郡橋津組の大庄屋文書は、領内における他所銀札の使用について規制するところがあった。文政元（一八一八）年一〇月の「口達」（『執睨録』）の初めに、「当御領内ニ近年、他所銀札夥敷入込候処、近来金銀銭之引替差閊、自然と不融通ニ成、諸色及高値」と記しているように、いろいろな銀札が藩境を越えて流通していたことが窺える。

同年十一月の御触出によれば、「近頃、杵築表新札出来、正銀銭ニ引替等も差支無之ニ付、当然の利欲ニ迷ひ、櫨実其外穀類等忍ひ〳〵杵築表え持越、売払候」とも述べている。

このような藩領域を越えた流通の活発な動きは、当然被差別民衆の世界にも大きな影響を与えるものであった。文化六（一八〇九）年の「穢多共心得違有之、取締被仰付候事」（『執睨録』）の中で、「近年穢多・非人等の類風俗悪敷、百姓・町人え対し法外之働致し」、「町在にて用達候節、内え入、腰を掛」るような状況が現れたのである。

他方、諸藩の事件記録簿の類を見ると、関係者の出生地が広い地域にわたることが知られる。例えば豊後森藩の「御記録書抜」では、文化一一（一八一四）年、町人島田屋利平の家に盗みに入った二三歳の男は、安芸の国の出身であった。

また天保八（一八三七）年「高松一件」で、江戸一〇里四方・生国豊後御構いの刑罰を受けた「穢多」与三吉は、「殺牛の豪賊」を見つけた褒美として家一軒、小作田、支度料などを与えられているが、ここで注意を引くのは「殺牛の豪賊」の記事である（佐藤正精「豊後森藩（久留島）御記録書抜にみる差別事象」、『おおいた部落解放史』第五号）。そこには皮革業のみならず、食肉業の存在をも窺わせるものがある。

皮革業の側面については、弘化二（一八四五）年の記事が関連していて興味深いものがある。この史料は豊後森藩の原中庄屋から提出されたものであるが、原中村の端で村中の倒れ牛馬の処理をしていた「穢多」共が、府内藩の「穢多」共と金銭上のトラブルを生じたので村から追放して、そのあとに延岡領の「穢多」共を移住させたというものである。他領の被差別民衆を招くことができるような民衆同士の交流が行われていたことを前提とする話であろう。

天保一四（一八四三）年、杵築藩の森野屋武兵衛は、手形を所有していない旅人を滞在させ、その上人足を集めたりして教諭されている（久米忠臣編『杵築藩町奉行所日記』中巻）。

このような人の移動がどのようなものであったのか、必ずしも判然としない。労働力不足を解決しながら、他方では運上銀収入の増大を図る領主権力の動向は、結果的には他国者の流入を認めざるを得ないものであった。

被差別民の巡業ルート

嘉永三（一八五〇）年、岡藩領で起こった被差別民の殴殺事件も新しい時代を象徴する事件の一つである。それについては既に述べたところであるが、革細工渡り職人が賤称語を拒否して、「同職の者」という用語で一貫して自己主張していることが注目される。さらに藩領域を越えた「同職の者」による巡業のルートが存在していることを推測させるものがあった（松下志朗「革細工渡り職人にみる自立と連帯」、『九州被差別部落史研究』）。

また、日向国延岡藩領における肉食の習俗を検討した時にも、藩領域を越えて被差別民衆が往来していた事実を見ることができた。そこでは下層の百姓と被差別民衆との間にも、身分的な差別を乗り越えての交流が存在していたことを知ることができる（松下志朗「延岡藩における被差別民衆の世界」、『部落解放史・ふくおか』第六二号）。

このような封建社会における幅広い民衆の交流を、今後私たちはいろいろな視角から明らかにしていく必要があろう。例えばそのような「非人」的状況に置かれた下層民衆の流動性が、幕末の「世直し」状況、殊に「ええじゃないか」運動を活性化させていく要素をもはらんでいたはずである。あるいは色々な地域間の情報交換のネットワークが下層民衆によって担われる側面の比重も増してくる。近世から近代への大きな転身を可能にした社会的要因の底に、このような「非人」を中核とする下層民衆の流動性があったことを見落としてはならない。

【付記】肉食の習俗　高千穂郷百姓力松の肉食一件を中心に

ここで日向国の北部山村における肉食について付記する。

まず日向国では、山村がちの自然であるせいか、下層民衆の間では必ずしも肉食が忌避されていないふしがある。それは武士身分の者でも窺われるところである。例えば元禄三（一六九〇）年三月二五日、藩は大内駄留・石河内鹿倉の鹿狩りを認めて、肉は鹿狩りした者へ給付し、剝《は》ぎ取った皮は残らず上納するように命じているからである。

また文化三（一八〇六）年一一月二二日、宮本弥太郎が鹿之助支配の仕事である牛の生皮を剝ぎ取った罪で格式と祿高を取り上げられているが、その事例は皮剝ぎと肉食がそれほど忌み嫌われていなかったことを示唆する。そしてそのことは、時と場合によっては被差別民衆に対しても、それほど垣根を高くして付き合いを全くしないというものでもなかった。

嘉永二（一八四九）年七月二日、藤田良碩が「えた」支配勇次郎を江戸の自宅に数日逗留させ、また勇次郎へ送金した廉《かど》により処罰されていることが記録されている。また、同年一〇月七日、足軽河辺外太郎の養父長兵衛が出府中に病死した時養子の願い出をしなかったので、長兵衛知行のうち二歩通、河辺外太郎の知行三歩通りを取り上げ、さらに「えた」勇次郎を取り逃した咎によって、合計五石取り上げの処罰を行っているが、そのような事例を今後検討する必要があろう。

次に、幕末期における民衆の生活の一端を示すものとして、肉食の習俗を取り上げる。

慶応二(一八六六)年一二月の暮、日向国臼杵郡の高千穂一八カ村のある村で、百姓力松が取り調べを受けて処罰される事件が起こった。取調書(内藤家文書「乍恐口上」明治大学刑事博物館蔵)によると、その罪状は次のとおりである。

第一条は五年程前、上野村の丞吉とともに三田井村の馬喰《ばくろう》を訪ねたところ、病牛を屠殺して、その肉を肴に酒を飲んだ罪である。

第二条はその年の秋、村内の蔦吉方の飼馬が病死したあと、その肉を肴にして酒盛りをした罪である。

第三条は去る慶応元(一八六五)年一一月頃、蔦吉の倅太市と同道して、岩太郎方の預かり馬から馬肉を二、三片程貰い受けた罪である。

第四条は同年一二月中旬頃、村内逸松方の馬が死亡したので、それを岩太郎が買い受けて肴にし、多人数で飲食した罪である。

第五条は長文にわたるが、内容が幕末期における人々の動きをよく示しているので、概略をまとめる。

口上書によると、力松は数年前病気を煩った時、牛肉を薬喰《くすりぐ》いした処非常に身体の調子がよくなり、その後時々牛肉を食していたが、他方近所で牛肉の買い入れを希望する者もあり、生計の足しにもなることから、熊本藩の鶴町へ出かけた折「えた」方へ立ち寄って牛肉を買い受け、販売していたという。ところで巳年（安政四年）一二月二二日朝、同村内の百姓和三郎と蔦吉が一緒に力松の家へやって来て、上組の林太方の老牛を売る話があるので、三人共同で購入して「えた」に渡して解体してもらえば、肉は無料で入手できるがどうかという相談があり、力松もそれに合意して林太方へ交渉したところ、値段で折り合いがつかず購入できなかった。そこで力松は翌二三日、熊本藩鶴町へ米買いに出かけたが、その折「えた」円助の家へ宿泊したところ、下野村の帳外者国蔵も居合わせて、同宿している。力松は円助から牛肉五〇斤を買い受け、代銀は円助が下野村を訪れた時支払う約束をした。ところが翌二四日朝出立の時、円助も下野村まで出かけるということになり、国蔵も同道したが、河内村に差しかかると、円助・国蔵は小道（間道）より山道へ入り込んで力松とは一旦別れている。本道を通って村へ入るのに憚るところがあったのであろう。力松は往来手形を有していたのか、御番所前の本道を通って帰村し、その夜蔦吉の家へ出かけたところ、円助も着いていて、蔦吉・岩太郎など牛馬買い入れについてトラブルが生じていたようである。そこで力松がとりなしたのか、林太方の牛の値段を少し張り込んで購入の交渉をしようということになった。その後の経緯については省略するが、経費の支払を済ませてみると、いろいろ奔走したにもかかわらず「牛殺し一条」が露顕したために、力松としては銀一分出し損となったという。

取り調べに対して力松は、銀一分の損で、骨折損のくたびれ儲けとぼやいているが、それほど牛屠殺の罪を犯しているという意識は薄く、当時牛馬屠殺が盛行していたことを窺わせるものがある。もちろん代官所の宮水役所宛の口上書奥書（内藤家文書）では恐れ入った形をとっているが、文面からはさほど恐縮している感じは伝わってこない。さらにここで注目すべきは、被差別部落民の「えた」と百姓との関係である。前に引用した力松の口上書奥書では、「えた」と馴染み合い、家に泊まったり一緒に酒盛りをしたりしたことを、百姓の本分を忘れたこととして謝っているが、むしろ下層民衆の意識は、身分差別を乗り越えたところで日常の暮らしを送っていたと言えるのではないか。

第二章　盲僧と被差別民衆

江戸時代の差別はいろいろな形をとって現れるが、社会の最下層に押し込められた人たちの在りようも一様ではない。

例えば、身障者は労働力として役に立たないという支配者の眼から「役不立」と直截《ちよくせつ》に表現されているが、他方、被差別部落民との間には厳然とした生活の断絶があった。福岡の事例をとってみても、被差別部落では「荒神様」がまつられることがないという顕著な特徴が見られる。農家とか町家では、屋内神の中心として「荒神様」をまつることは欠かすことのできないものであったが、その荒神釜の御祓を行うのは盲僧である。

古野清人が福岡県宗像郡の農耕儀礼を調査した時、あちこちで「荒神様」の話を聞いている（『古野清人著作集』）。例えば須恵村では、「一、五、九月に座頭さんが祭りに来る。他に年始にお姿切ってくる。（中略）年始のときは米一升、または五合か三合。他のときは白米一升。（中略）お釜の上に一尺三寸位のしの竹を置いて、前にむしろ引いて、琵琶ひき歌うたうて長いことやる」と聞書している。

身障者としてのハンディキャップを乗り越え、農家や町家の災厄を祓うことでわずかな施しを受けてほそぼそと暮らしているが、そのような盲僧の生活は被差別部落民のものとは無縁のものであった。盲僧の生活をもう少し見てみよう。

文政三（一八二〇）年、鞍手郡四郎丸村の庄屋・組頭から出された願書によると、節都という座頭は幼い頃より盲目であって修行を積み、三味線座頭になったという。そして面役（賦役労働）の負担は村中で助け合って済ませてきたが、今回から免除して欲しいと願い出たのである。村人の生活も苦しくなって、従来肩代わりしてきた盲僧の面役を負担できなくなったのだろう。また文政二年、鞍手郡上有木村の盲僧恵姓から提出された願書によると、五穀成就、牛馬祈禱のため四季土用中旦那家を廻り、施し物を受け、その余力をもって妻子を養ってきたという。そこには五穀成就・牛馬祈禱によって村の生活に少しは役立っているという自負心が窺える。

このように、江戸時代の農村の中で盲人も必死になって一定の役割を果たそうとし、農民もまた農耕の年中行事でそれを必要としていた。天保期の飢饉に際して、盲女・座頭にわずかではあるが御救米銀が藩から支給されたのも、その役割を認められてのことであろう。盲人たちは農村の共同体の中に包み込まれて生活していたとも言える。

被差別部落民はそこが違っていた。労働力としても農民を凌ぐものがあることは、年貢皆済の一番になる者がいたことからも裏付けられるし、職人としての技能も細工物でいかんなく発揮されていた。

それにもかかわらず、被差別部落民は農村の共同体から忌避された。それで、同じく社会の最下層にあって毎日の生活に呻吟しているにもかかわらず、盲人と被差別部落民は分断されて統治されていたこととなる。

しかしいつしか生活上での共感から、いろいろな形での両者の交流＝交歓が生まれてくる。鹿児島藩薩摩半島の瞽女と大隅半島の被差別部落民がともに助け合いながら旅を続けていた事実があるが、次に挙げる事例もまたその交流の一端を示している。

福岡藩表粕屋郡酒殿村の仏説盲僧伊教は、寛政九（一七九七）年、村を出奔して行方不明となったので、文化三（一八〇六）年、藩庁に届け出て酒殿村の人別帳より削除した。ところが文化一四年になって、伊教が博多郊外の被差別部落の堀口村で病気を煩っている旨の連絡があったので、その兄惣次郎のもとへ直ちに引き取ることとなった、というものである。酒殿村の庄屋・組頭が提出した口上書からは、仏説盲僧の伊教がどのようにして二〇年余もの間暮らしていたのか全く不明であるが、村を出奔している以上は、旦那家を頼って廻ることは考えられず、おそらく早い時期に堀口村に定着したのではあるまいか。口上書に、方々を捜したけれども見つからず、その後国中触流して情報提供を求めたけれども、伊教の消息を摑むことができなかった、としていることからも前述のことが裏付けられる。

近世後期における堀口村の状況は、零細な宅地に狭い家が建て込んでいくと同時に、下足産業を中心とする雑業の展開が見られるのであり、その日銭の収入が堀口村の人口増加を支える主要なものともなった。それは人口の自然増加のみならず、農村からの流入をも許容するものであったろう。しかも福岡藩の差別政策は、まさにその差別性の故に、都市近郊部落の中に権力の滲透を図ることができなかった。堀口村の旧家＝旦那衆を通じてしか、支配を進めることができなかったのである。

そのことを象徴する事件は、寛政義民「松原五人衆」の伝承であろう。福岡藩士が芝居小屋で泥酔して五人の若者に袋叩きにあい、その五人の若者は堀口村へ逃げ込んだのである。その際注目しなければならないのは、藩の目明が直接堀口村に乗り込んでも五人の若者を逮捕することができず、堀口村の村役に五人の身代わりを要求していることである。

酒殿村の仏説盲僧伊教もそのような自治性の強い堀口村に定着し、おそらく信仰心の深い被差別部落民に三味線か琵琶をひきながら仏教説話を物語り、若干の施しを受けて、その生活は貧しくとも日々を心豊かに送っていたのであるまいか。それが病気となって初めて生まれ在所の酒殿村へ連絡をとったことは、堀口村の人たちに迷惑をかけてはいけないという伊教の心遣いからであろう。酒殿村に帰れば咎めを受けるかもしれないことを覚悟しながら、帰村を堀口村の村役に願い出たのである。

兄のもとに引きとられた伊教は、近くの小屋に別居させられて薬を与えられ暫く治療を受けるが、それはむしろ「村預ケ」という処分にもとづくものであった。おそらくそれを苦にしたのであろう、伊教は暖をとるための火箱を引っくり返し大火傷をした後、息をひきとるのである。

以上、近世社会の下層にあって呻吟していた盲僧と被差別部落民との交流の一断面を見てきた。これはあくまでも盲僧側の史料から見た被差別部落の姿であるが、そこにはいろいろな「社会の落伍者」が逃げ込んできてもそれを受けとめられるだけの抱擁力があったことを示している。

第三章　鹿児島藩における島差別と部落差別

一　はじめに

私は二八年前、当地の大島高校に二年ほど勤めていたことがありまして、その赴任の際、鹿児島の年輩の人たちから「島の娘には手を出さない方がいい」と言われてやって来ました。ところが大島では、「自分の娘はヤマトンチュ、殊に鹿児島県人には嫁にやらない」と言われて、鹿児島県人である私は辛い思いをしたことがあります。

どうしてこんなにいがみ合うんだろうと考えて、それから奄美の歴史を少しずつ勉強するようになりました。それで、私が今からお話ししますことは、客観性をよそおっていますけれども、意識の底には若い時の苦い想いがこめられていますので、お聞き辛いところがあるかと思いますが、ご勘弁くださるようにお願いします。

まず、話の題目に掲げました「鹿児島藩における島差別と部落差別」について、異和感というか反撥される人がいらっしゃるかと思います。問題は二つに分かれます。

「鹿児島藩」となぜ言うのか、「薩摩藩」ではいけないのか、ということが一つ出てまいります。私自身、まだあまり考えがまとまっていないところがありますが、江戸時代における島津氏の支配地域に「薩摩」という国の名を付けた場合、大隅国や日向国を遠ざけてしまうようなニュアンスが出てまいります。島津氏支配下における先進地「薩摩」の優越と言いかえてもいいかと思います。国名をとった藩は「薩長土肥」に象徴されるような西南雄藩という事大主義があるように思います。例えば肥前藩という場合、肥前国には唐津藩・平戸藩・大村藩などがあるのに、なぜ佐賀藩だけを肥前藩と言うのか考えてみてください。

次に、「島差別と部落差別」と対概念みたいに並べることに対して、同じ性格ではないものを無理に一つにして話をしようとしていると、奄美の人からも鹿児島の人からも、被差別部落の人からも攻撃を受けそうな予感がいたします。

例えば今から二〇年ほど前、昭和四五（一九七〇）年に沖縄の大阪県人会が、大阪の同和教育読本『にんげん』に部落と沖縄が混同されて書かれているので撤回してほしい、と申し入れたことがありました。そのことを報じた「琉球新報」と「沖縄タイムス」の記事が今でも私の念頭から離れません。沖縄や奄美には、乞食に相当する「行脚《あんぎや》」や念仏者《ねんぶつしや》・京太郎《きようたろう》など少数の差別される職業の人がいましたが、現在沖縄・奄美には被差別部落は存在していません。したがって大阪などで被差別部落の差別を見聞きした沖縄の人たちの「一緒にしてくれるな」という願いは、一つの悲鳴のように私には思われます。他方、部落差別の問題だけでも大変なのに、これ以上「島差別」という新しい差別をつくってくれるな、という別な声も聞こえてくるようです。

しかし、島差別と部落差別は同じ根っこに咲く二つの花ではないのか、という疑問を私は捨てることができません。昭和一九（一九四四）年六月、米軍の軍事戦略局研究分析課がハワイのホノルルで作成した「琉球列島の沖縄人・日本の少数民族」という報告書は、日本人が沖縄人を被差別部落民と同様に嫌悪していると分析しています。

それは単に戦前の昔話ではありません。今年五月、長崎の第九回全九州研究集会で作田セツヨさんが紹介した差別資料は、奄美の人たちを第四平民「越多」、ブタだとののしっています。

このように日本人の意識の底にどうしても避けて通ることのできない暗い河が流れています。それは日本人の多くにある美意識と言いますか、倫理と言いますか、根元的なものがあるように思います。すなわちケガレを忌み嫌う「浄穢観」です。そこのところを以下、歴史的に検討してみます。

二　支配者のケガレ観と地域観

図3－3の「同心円的地域差別」を参考にしてください。

村井章介は、日本の支配者がもつ浄穢観の一番核心にあるものとして、天皇をケガレから守ることを挙げています。そのためには京都の御所をきれいにしておく、それを実現するためには畿内地方をケガれないようにしておく必要があるという具合に、同心円の環が拡がっていきますが、九州南部のサツマや東国のアヅマはいずれも端っことして周辺領域の未開地となります。さらに北海道の蝦夷地や壱岐・対馬、南西諸島・奄美・琉球は、境界領域とし

図3－3　同心円的地域差別

図３－４　古川古松軒の巡業コース

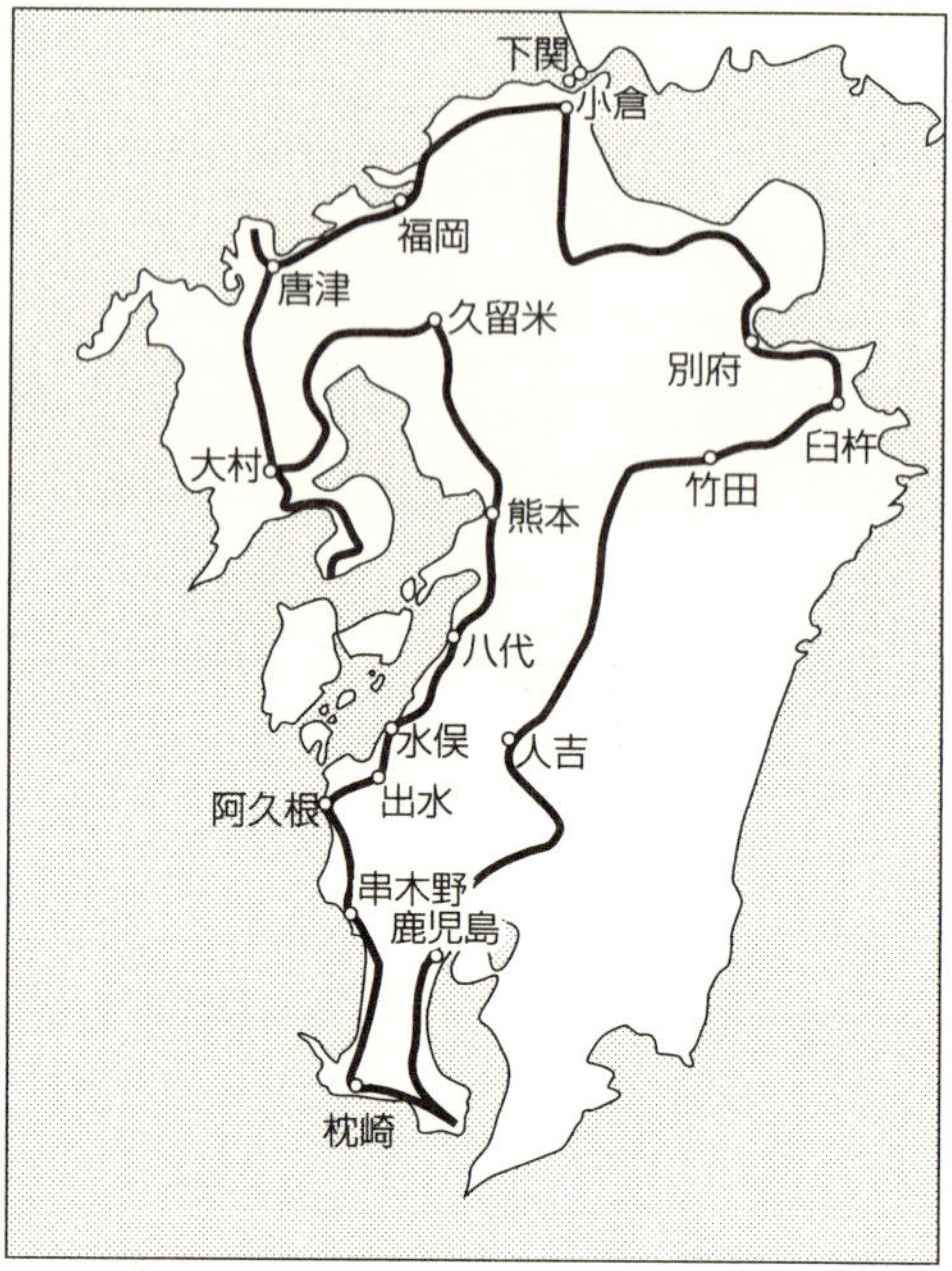

出典：『西遊雑記』（古川古松軒）より

て野蛮な「人を食う鬼」の住む地域として恐れられていたのでした。

これらの地域差別観は近代になっても変わることはなかったようです。さすがに食人鬼の住む地域だと思う者はいなくなりましたが、幕末から明治期にかけての旅行見聞記を見ましても、相変わらず地域差別観には根強いものがあります。古河古松軒は備中国に生まれた地理学者ですが、『西遊雑記』（『日本庶民生活史料集成』二所収）で薩摩藩は人物・言語とも賤しい「下国」だと言っています。明治二〇年代に書かれた鹿児島県人の報告書では、奄美のことを「野蛮国」だと笑っているようです。さらに明治二六（一八九三）年、『南島探険』（『日本庶民生活史料集成』一所収）を著した笹森儀助でさえもが、琉球の先島などを北海道人以下だ、と表現しています。

このような地域差別観は、他の地域の文化を理解することができない中央の人たち、またはその影響を受けた人たちの優越感であると考えられます。自分たちよりも未開なまたは野蛮な人たちがいると思うと、心が落ち着くのでありましょうか。

ところで、他方そうでない人もいました。例えば奄美に流罪となり、そこに暮らすことになった流人の考え方からはそのような地域差別観が消えていきます。安政二（一八五五）年頃、名越左源太が著した『南島雑話』は、歴史学のみならず民俗学・動植物学の分野でも高い評価を受けているものですが、左源太は流罪地の村人に大島言葉や算術などを習ったりして謙虚に暮らしています。

また西郷隆盛は、最初は京都の檜舞台で活躍していた政治家のケレンミがあり、奄美の人たちを毛唐人扱いしていますが、二回目に流罪となった時は、島人として永住したいと言っています。このように権力から遠ざけられた人は、改めて自分の住む地域からさかさまに中央を見る視点を持ち得たのでした。

地域差別が目に見える形で表れてくるとすれば、被差別民衆への差別は目に見えない形で垂直的方向の身分差別として出てまいります。身分秩序が秀吉・家康の時代に強化されたことは皆さんご承知のことと思いますが、江戸時代になぜ被差別部落民が身分的に固定されてきたのかについては、いろいろな方面からの研究が必要だと思います。ただ、江戸時代以前の被差別民衆の多くがケガレを祓いきよめる作業に従事していたことは一貫しています。殊に癩病者を中心とする非人集団がケガレの故に死体を片付けたり清掃をする仕事をさせられていて、それが江戸時代に固定化され、それに皮革製造業者の集団なども組み入れられて、行刑の仕事を兼担させられるようになったと考えられますが、その際に被差別民衆を農民や町人など常民の世界と異なったものとして隔離してしまったところに、島差別ないし地域差別と同じ考え方が横たわっているように思われます。汚いもの、野蛮なものは理解できない、または理解したくないものとして境を設けて隔離することで、自分の世界をきれいにしておくということになりましょう。

このことについては最後にまた話すことにしまして、江戸時代における権力者の差別政策はどのように表れてくるか、奄美と鹿児島藩の被差別部落の両方に分けて、以下検討していきます。

三　鹿児島藩の奄美差別

島津氏は早い時期から奄美・琉球をアジア貿易、殊に中国貿易の市場ないし中継地として非常に重視していました。結局、琉球王朝を通じて中国との朝貢貿易をほそぼそと行うことになりますが、しかし、寛永一一（一六三四）年頃までは奄美を漂着唐船の交易市場として活用しようとした形跡が窺えます（松下志朗『近世奄美の支配と社会』）。したがって島津氏は、幕府に対しては奄美を琉球の支配下にある地域として届け出ながら、実際は奄美を琉球王朝から分離して鹿児島藩の直轄地としたのでした。

鹿児島藩の人たちが奄美・琉球をあなどり軽んじるようになったのは、慶長一四（一六〇九）年の琉球侵略以後のことではないかと考えられます。秀吉に征服された島津氏は、いち早く近世大名へ脱皮していきますが、その成果を見せつけたのが琉球侵略であると言えましょう。鉄砲隊を中核にした船団は大風のためばらばらに奄美へ行き着いたにもかかわらず、その新しい装備、鉄砲によって奄美の土豪たちを簡単に打ち破ってしまったのです。島津軍は船団を編成し直し、潮の流れを巧みに利用して沖永良部島まで征服し、その優越感を「馬鹿尻」という地名を付けることなどで満足させたのでした。

そして奄美を完全に琉球王朝から分離する政策をとったのは、元和九（一六二三）年のことです。「大島置目条々」という法令が達示されて、琉球王朝時代の役人制度を改めています。奄美の行政区分を間切によって大きく分け、琉球王朝時代と異なる支配組織を作ったのでした。図3－5・6をご覧ください。

間切の島役人として置かれていた大親役《おおおやゃく》と与人《よひと》・目指《めざし》などを廃止し、与人・筆子《てっこ》と各村

図3−5　那覇世の行政組織

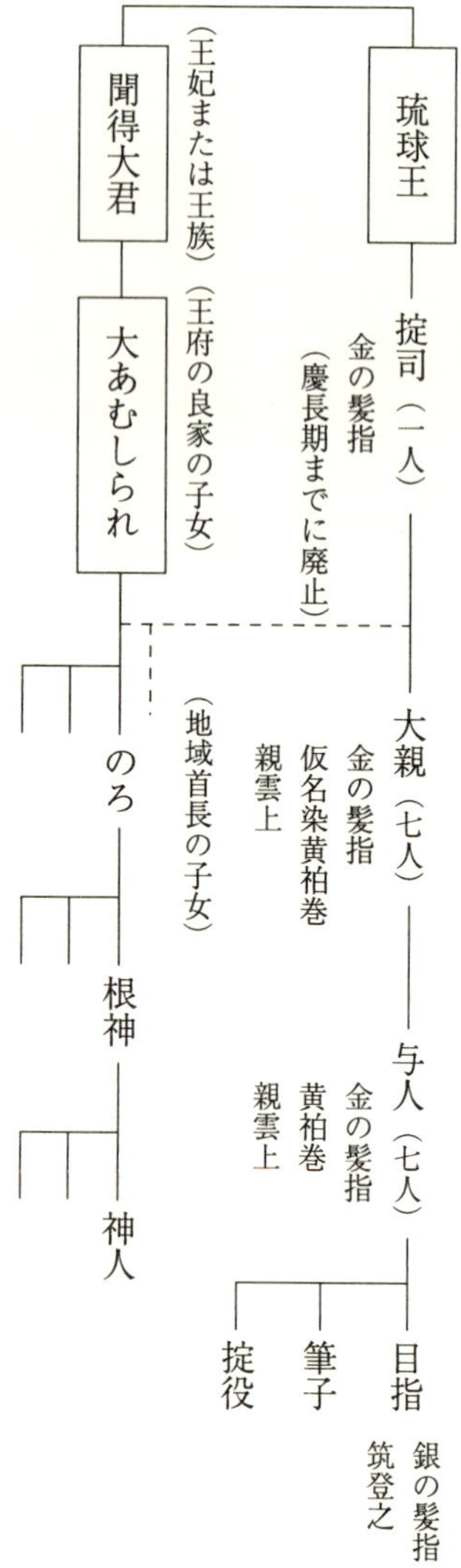

図3−6　道之島島役の組織

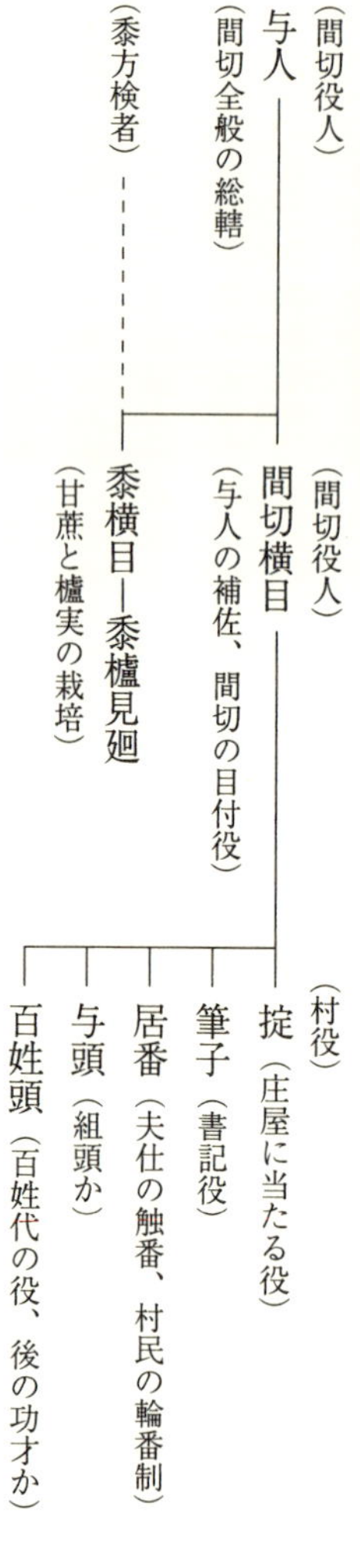

史料：『奄美大島史』、『南島史考』他

掟《おきて》一名ということにし、給与はすべて米に切りかえ、現地支配の知行地は廃止されました。そして、従来奄美の島役がそのステータス・シンボルとして琉球王朝から授けられていたハチマキを禁止し、鹿児島藩の農村支配と同じ方向を目指したようです。

しかしそのような政策は、奄美を支配していた琉球王朝以来のユカリッチュという名門家の抵抗を受けて必ずしも実現されていません。例えば鹿児島藩の農民は、門割制度の門単位で支配されていましたが、奄美では上流階級のユカリッチュと家内奉公人であるヤンチュとの間には隔絶したものがあり、鹿児島藩の役人はユカリッチュを通じてしかヤンチュの数を把握できませんでした。寛永一一（一六三四）年、奄美で初めての人口調査である宗門手札改めが行われるのですが、宝永期まで奄美の人たちはみな農民身分として記録されていることにも、形式を重んじる鹿児島藩役人の志向がよく表れています。

元禄四（一六九一）年、鹿児島藩は城下の鹿児島へ挨拶に来る奄美の与人に対して、琉球の服装をつけるよう命じていますが、それは花金の髪指《かんざし》と朝衣《あさぎん》・大帯・胴衣・袴という鹿児島藩の武士のものと全く異なるものでした。琉球の服装を鹿児島で強制することによって、改めて己の地位を自覚させるということになりましょうか。元禄一二（一六九九）年には、喜界島の代官が奄美の人たちに対して、「嶋人相応の姿」をするようにし、名前も鹿児島藩のような何十郎とか何兵衛などと紛わしいものはつけないよう申し付けています。

このように奄美に対する差別政策を強化しながら、他方では奄美の人たちの信仰のよりどころであったノロクメ・ユタなどを取り締まり、元禄以降各島に寺社を建てて鹿児島藩の宗教的権威を示す政策もとられました。

宝永三（一七〇六）年には、奄美の旧家が所蔵している系譜や文書類を徴収しています。その目的が何であったかは今のところはっきりしませんが、結果的に見て奄美の旧家であるユカリッチュの勢力削減政策であったと言わざるを得ません。

そして、鹿児島藩の奄美に対する政策の中で一つの画期となるのが、享保内検です。鹿児島藩は享保内検を奄美で実施する前に、ユカリッチュをはじめ奄美富豪の勢力削減策を矢継ぎ早に打ち出していきます。

まず享保五（一七二〇）年には、島役の与人・横目に対してその地位の象徴である金髪指も禁止し真鍮髪指を用いるように命じ、また絹の着用も禁止しました。さらに享保一一年には土地検査である享保内検が奄美でも実施されました。鹿児島藩と奄美では農村の構造が違います。その大きな違いは、稲作にあります。稲作が奄美でどの程度行われていたのか、また家族の構成の仕方はどうなのかという問題です。

しかし実際に稲作が行われていなくても、米で土地の生産力を表す石高制を奄美に実施しました。その結果、室藺地《むろいち》（畳表の材料）、唐苧地《からむしち》（茎の皮から繊維を採り縮などの布の材料にする）などの小物成に属する畑地の石高が高い数字となりました。そしてこの石高を基準にして砂糖の現物徴収が行われることになります。

第二に、土地検査の台帳である竿次帳に家族の構成が記録されるようになりました。これもまた、砂糖耕地を割り当てる時に一五歳以上六〇歳未満の成年男子を基準にしていますが、その人数を把握するためのものであったと言えましょう。

そしてこれらの政策を通じて、鹿児島藩は奄美の身分平均化政策をとったのです。

享保一三（一七二八）年に発布された「大島御規模帳《おおしまごきぼちょう》」は、島政の刷新を図るものとして出されていますが、その根本にある考えは、奄美が鹿児島藩の直轄である以上、島人はみな平百姓であるというものです。琉球王朝時代の由緒は一切無用であるとして、鹿児島藩への貢献度（実際は砂糖の献上額）によって、島の役人を任命するとも申し渡していますが、このような身分平均化政策は奄美のユカリッチュである旧家にとっては青天の霹靂《へきれき》であったと考えられます。何度も島役から嘆願書が出されていることにもそのことはよく窺えます。

しかし鹿児島藩は、以後奄美を糖業社会へ編成替えして、砂糖を搾取することに精力を傾けたのでした。奄美における砂糖生産がいつから始まるのかはっきりしませんが、正徳三（一七一三）年の大島代官の記録に、近頃は一一三万斤ずつ毎年買い入れているとしています。奄美における砂糖生産の買い上げは、大島、喜界島、徳之島の三島で行われました。第一次砂糖定額買い上げ制は、島によって若干異なります。大島では正徳三年以降、次第に買い上げ額が増えて二五〇万斤となりましたが、延享二（一七四五）年には合計三五〇万斤の定納となっています。この延享二年には年貢米をすべて砂糖で上納させる制度に変わりましたが、安永六（一七七七）年、第一次砂糖総額買い上げ制が実施されました。砂糖専売制度の始まりと言ってもいいかと思います。

鹿児島藩はこの後、天明七（一七八七）年から天保元（一八三〇）年までの四三年間はもとの定額買い上げ制に戻していますが、天保元年にはまた第二次の砂糖総額買い上げ制（専売制度）に改めて、砂糖の買い入れ、販売に努めています。このような定額買い上げ制と総額買い上げ制を交互に用いたということは、総額買い上げが生産者の労働意欲を損なうものであったからと考えられます。定額買い上げ制のもとでは、一定額の買い上げが済めば、あとは自由販売ができますが、総額買い上げ制のもとでは生産した砂糖を他へ売ることはできません。したがって第一次総額買い上げ制の期間が一〇年間と短かったのは、生産意欲の低下と関連していたと考えられます。

ところが、天保改革を始めた鹿児島藩では、その財政収入のドル箱である砂糖専売制度のうまみを見逃すことはできませんでした。詳しいことはここでは省略いたしますが、現在でも伝えられている奄美の砂糖地獄は、第二次砂糖総買い上げ制の時期に深刻になってきたと

表3－10　大島における郷士格の取り立て

年代	人数	取立の理由		
		新田開発	砂糖献上	唐通事
享保11年	1人	1人		
天明3年	1		1	
文政1年	1		1	
3年	1		1	
8年	1		1	
9年	2		2	
10年	6		6	(1)
11年	2		2	
12年	1			1
13年	6		5	1
天保2年	1			1
6年	1		1	
11年	1		1	
12年	2		2	
13年	2		2	
14年	2		2	
弘化1年	2		2	
2年	7		6	1 (1)
嘉永3年	2		2	

備考：( ) 内は砂糖献上をも含む
史料：「喜界嶋代官初幷大嶋郷士格人躰且諸横目ゟ重役現夫居住者之一冊」（和家文書）

思います。

文政期以降、鹿児島藩は盛んに郷士身分を奄美の人に与えることになりますが、そのほとんどは砂糖献上によるものでした（表3－10）。

新しい島の支配者層育成策がとられるのですが、第二次専売制のもとでは砂糖の買い上げ値段を非常に安くしています。

表3－11　黒砂糖斤数換算の物価対照表

品　　目	大坂相場	道之島の諸品代糖	
	天保2年	文政13年	天保6年
米　1　石	79　斤	507斤	333斤
大豆1石	62.7		333
塩　4　斗	4.2	120	
酒　1　石	114.4	2,500	2,800
種油1石	243.2	2,000	2,800
蠟燭1斤	2	20	20
白木綿1反	5.2	45	40
煎茶10貫目	37～39		1,563
鰹節10貫目	13.6	1,250	1,000
五寸釘1,000本	15.0	三寸釘　80	

備考：大坂相場は諸品代銀（12カ月分平均）を黒糖1斤代銀1匁3厘1毛で換算した。
史料：『近世大阪の物価と利子』,『鹿児島県史』第2巻

鹿児島藩が砂糖を買い上げる時は、羽《は》書《がき》という金券を発行して、それで鹿児島から輸入した日常品や生産用具などを購入することになりますが、鹿児島藩はその場合、日常品などの値段は大坂相場の四倍から九〇倍位の高値で売り、砂糖代は大坂相場の五分の一位の値段で買い入れています。表3－11を参考にしてください。いずれにしても二重に搾取が行われていたと言えましょう。

ところで第二次専売制度が砂糖地獄と呼ばれるもっと深い原因は、砂糖黍の耕作地を島民に強制的に割り付けたことでした。島の成年男女を三等に分けて、一人黍地一反から一反五畝位を強制耕作させたのです。このような強制耕作は、奄

美の人たちをすべて砂糖黍地に縛りつける土地緊縛政策であったと言えましょう。しかも鹿児島藩の政策はずるがしこいものでした。奄美の社会に古くからあった債務奴隷である家人《やんちゅう》制度を温存して、新しい奄美の上流階級が豪農的に砂糖生産を行うことを許したのです。欧米でも見られる植民地政策の基本原理である「現地人をして現地人を支配させる」政策がとられたのです。

江戸時代における島差別は、砂糖生産という経済生活において極まったと言えましょう。明治の近代以降の島差別は新たに相貌を変えて出てまいりますが、時間の都合でここでは省略させていただきます。

さて次に、琉球や奄美の社会で被差別民衆はどのように暮らしていたのか検討してまいります。

琉球・奄美では現在被差別部落は存在していませんが、戦前期までは首里郊外にあって何らかの差別を受けていた被差別集団がありました。鹿児島藩の記録では「行脚《あんぎや》」、琉球の編纂資料では「念仏者」・「京太郎」として記録されています。

行脚はもともと、日本列島でも中世から近世前半期、勧進聖として諸国を放浪して廻る僧侶の形をした芸能人でありましたが、琉球ではそれらの放浪芸能人は念仏者・京太郎として表れてまいります。

まず念仏者の起源については、参考資料に出てきますように、袋中という浄土宗の僧侶が一七世紀初め琉球に来島した時に始まるとされています。この袋中は癩病を治す薬をも携えていたといわれ、修験僧であったのではないかと想像されますが、「仏教文句ヲ俗ニヤハラゲテ」布教し、そのあと念仏者の集団ができたとされています。また京太郎も、「琉球国由来記」が編纂される一七一三年以前に京都の人が伝えたと記されていますが、これまたおそらく中世非人の放浪芸能者の性格をもつ者でありましょう。

この念仏者・京太郎の暮らしの内容については『沖縄大百科辞典』の記事を参考資料として引用しておきますが、それら放浪芸能者を鹿児島藩では一括して行脚と呼んでいたと考えられます。

●参考資料
ニンブチャー(念仏者)
葬儀があれば頼まれて鉦を打ち、念仏歌をうたい、時には経文を読み、僧のいないところではその代わりも勤めたという。アンニャ村の入り口にある阿弥陀堂で誓いをたててこの一団に入ると伝えられていて、念仏集団と考えることができ、廃藩置県後はしだいに衰微したが、昭和初年頃まで活動していたとされる。

チョンダラー（京太郎）

明治初期頃までアンニャ村を根拠地として首里近郊、中・南部まで出かけた門付芸人およびその芸能をいう。京都から来た京太郎という意味で、人形芝居、鳥刺し舞や馬頭踊り、供養の念仏歌も歌ったといい、一七－一八世紀頃には広く社会に浸透していたという。そして現在は、沖縄市泡瀬と宜野座村宜野座に伝承されている。（『沖縄大百科辞典』）

本国念仏者、萬暦年間、尚寧王世代、袋中ト云僧（浄土宗、日本人。琉球神道記之作者ナリ）渡来シテ、仏教文句ヲ、俗ニヤハラゲテ、始テ那覇ノ人民ニ伝フ。是念仏ノ始也。（巻四　遊戯門、念仏）

當国京太郎、准傀儡者歟。昔日、京都ノ人渡来、教之乎。又京小太郎ト云者、其業ヲ作リタルヤ、不可考也。（巻四　遊戯門、京太郎『琉球国由来記』）

寛文五（一六六五）年、琉球の行脚・乞食などの手札には横印を押して差別することを鹿児島藩が命じており、元禄一三（一七〇〇）年の元禄国絵図作成時のものかと考えられる「首里古地図」には「行脚屋敷」が記されています。これについては森山沾一「被差別部落と沖縄」(小林文人・平良研一編『民衆と社会教育』)があります。史料を見ますと、被差別民の数はそう多くありませんでした。明和九(一七七二)年琉球行脚一四人、寛政一二(一八〇〇)年一三人、文政九(一八二六)年一六人と、わずかな数です。しかしわずかな数の集団にしても、その職能のために差別を受けていたことは明らかです。一つだけ例をあげましょう。ベイジル・ホールの『朝鮮・琉球航海記』によりますと、文化一三(一八一六)年、琉球で見聞したことを次のように記しています。

われわれが知り得たかぎりでは、宗教はヨーロッパにおけるような一般大衆の教化のためのものではなく、中国におけるように、聖職者のものである。この事実を、われわれは、島の人々の宗教的な問題にかんする冷淡さや、寺院に置かれている像や儀式にかんする無知から推察した。

僧侶は尊敬されず、また社会的な地位も高くない。彼らは妻帯と肉食を禁じられている。彼らと交際する者は少なく、子供たちさえなぶりものにしている。

例の水兵の琉球式儀式のときも、僧侶たちはうしろに立っていたが、葬儀の司式の役を求められることはなく、すべてを執り行ったのは次良であった。

これらの被差別民衆については、琉球という日本とは異なる文化と風土の中で今後検討を続けていくべき課題であると考えます。

他方、奄美の被差別民衆については、明和九（一七七二）年、鹿児島藩が行った人口調査の際に徳之島乞食一一人と出てくるのみで、その後の統計からはまた姿を消してしまいます。琉球の「行脚」とは異なって、全く放浪性の強い芸能者だったのか、あるいは奄美の農業労働者に変化して姿を消したのか、その足跡を辿ることはできません。したがって奄美では肉食が行われ、仏教も入り込めない精神的風土ともあいまって被差別部落は存在し得なかったと考えられますが、その点につきましても今後の研究課題としておきましょう。

さて次に、鹿児島藩の部落差別の政策はどのようなものであったか、簡単に検討してまいります。

まず、近世以前における島津氏支配領域を見ますと、「慶賀」という慶祝芸能者の名前が記録に出てまいりますが、そこでは島津氏の武将の宴席に出席したりしていて、殊更に差別の対象とはなっていないようです。連歌の席に連なったりして、教養も高いものがありました。

また癩病者を中心とする皮膚病患者の集団も、その外観のために嫌われることはありましたが、病気になった武士でも戦場に出かけて活躍していますので、のちの時代ほど差別されることはなかったようですが、「非人」集団は相当にうとまれていたようです。そして「非人」集団の一部分を構成しているのが癩病患者であったことも事実のようです。

江戸時代になって、鹿児島藩でまず差別の対象となったのは、そのような「非人」集団や「死苦」でした。「死苦」の由来ははっきりしませんが、おそらく畿内の「志久」（大和の夙《しゅく》）と同じ被差別民かと考えられます。慶長一六（一六一一）年、慶長内検という土地調査の際は土地測量を免除されていますが、その代わりにキヨメや行刑の仕事を負担させられたのでした。寛永一二（一六三五）年になりますと、人口調査の台帳である宗門手札では農民などとは区別されて別帳になっています。そして鹿児島藩ではこの頃から身分差別が厳しくなってきました。

島原の乱が差別強化の一つのきっかけになったことは充分に想像されます。幕府をはじめ諸大名は、民衆の動きを恐れて、民衆を分断して支配するために、身分差別を強化したのでした。例えば寛永一九（一六四二）年、鹿児島の近辺の牢屋を移転させ「せいらい」に見張りの役を命じていますが、それは民衆を分断して被差別民衆に対する平百姓の憎悪感をあおる政策でした。

このような差別政策はもちろん、民衆の中にある浄穢観とそれにもとづく差別を助長するものであったと思います。遅くとも宝暦期（一七五一年以降）には、被差別部落民と農民との結婚を禁止し、さらに宗門手札には一目で分かるように横印を押すことを強制しています。さらに天明四（一七八四）年には、「死苦」を他の藩と同じように「穢多」と改称するように命じました。

鹿児島藩の被差別民衆は、初めのうちは皮革生産に携わることは少なかったようです。高級皮革の材料は中国や東南アジアからの輸入に頼っており、日常品は武士や農民たちがそれぞれ自分で生産していたのではないかと考えられます。

しかし部落差別が強化されるに従って、皮革生産もしだいに被差別部落の仕事となっていったようです。遅くとも天明二（一七八二）年には、日向国の鹿児島藩領で皮革を一手に販売する者が現れ、寛政四（一七九二）年には死牛馬を処理する旦那場が売買の対象になっていたことが知られています。

商人も皮革の流通で利益をあげようとする者が出てきて、鹿児島藩もその利益に眼をつけいろいろな統制を試みています。農村の役人に牛馬皮の届書を提出させるなど、実際には専売制の対象となったと言っても、言い過ぎでないように思います。天保改革の際、牛馬皮の掛は産物方に付属して、琉球・奄美の牛馬皮を大坂に販売し、相当な利益を上げたということです。

以上、鹿児島藩における島差別と部落差別との具体的な状況を検討してまいりました。

そこで、両方に共通するものがあるのかどうかを考えてみます。

第一に島差別という場合、その内容は単に地域差別の延長線上のみでは考えられないということです。現在でも日本民族単一説が根強くあって、中曽根元首相が、日本民族は単一民族であってアメリカのように多人種の国家ではないから知能指数も高いのだ、という意味の発言をして世界のひんしゅくを買ったことは、皆さんの記憶にもあるかと思います。しかしそのような発想は何も中曽根元首相に限ったことではないように思います。私は民俗学者ではありませんから慎重に考えなければいけないのですが、例えば奄美の民俗には言葉や風俗に古代の時代のものが色濃く残っているという、言うなれば「古代文化残存説」があるようですけれども、そのことは充分に検討する必要があるように考えられます。柳田国男の民俗学に代表されるような「古代文化残存説」は本居宣長の国学的解釈ですが、現在の研究は、民間伝承の地域差は従来大和のような先進地域にあった文化が歴史的に周辺に拡がっていく過程で生じたとする周辺圏論を強く批判しています。なぜ民間伝承の地域差をすぐに文化の優劣としてとらえ、教化されていないとする文化を低いものとして位置づけるのか、考え直す必要があるように思います。

琉球や奄美を単一の日本文化史観で見ると「古代文化の残存」ということになっても、琉球や奄美の先祖の人たちは自分の歴史なり個性を大事にしてきたのです。歴史の歩みが少しのろくても、それが琉球や奄美の個性であると主張する時、なぜ「古代文化の残存」と卑下する必要があるのでしょうか。

また、中国や東南アジア諸国との国際的な視野で比較検討する時、ヤマトではカミとホトケが同質なものとして一体化している。しかし江戸時代の琉球・奄美の場合は、ホトケはカミによって排除されていると言えます。

このように申し上げますと、皆さんの中から、奄美・琉球にもお寺があり僧侶がいたと反論される方がいるかもしれません。例えば私の手許に玉代勢法雲が書いた『遠塵宿縁』という本があって、臨済宗の円覚寺や天界寺など「首里の十二ケ所拝み」や真言八社などのことを記し、琉球出身の名僧、一向宗の法難などについても多くのことを述べています。しかしそれは支配階級の官寺のことであって、民衆の信仰とは関係がなかったと考えられます。先に引用したホールの『朝鮮・琉球航海記』にも、琉球における仏教はすべて官寺であり、那覇・首里以外には広まらなかったとしています。自然信仰のアニミズムと祖先崇拝が結びついた独自の信仰のために仏教は浸透できなかったと言えましょう。

そして部落差別は、ホトケとカミが一体となった浄穢観をもとにしてつくられてきます。被差別部落のカマドには「荒神さん」を祭ることができない。そのことに差別が象徴されています。その生活と文化の違いをしっかりと押さえることが大事です。

そして同じことは、日本列島の各地に点在している被差別部落の文化や生活についても言えるのではないかと思います。被差別部落の文化なり民間伝承についての研究は残念ながらまだ深くなされていません。農民集団の文化や民間伝承とどこが同じであり、どこが違うのか、また変化を受けた部分はどこなのか、個別的具体的研究が必要ですが、被差別部落の文化や民間伝承を劣等なものとして比較するのではなく、その固有の論理を掘り出して評価する必要があるように思います。琉球・奄美の場合には、日本文化との比較のみでなく国際的視野による枠はずし、被差別部落の場合は、常民の世界との比較でとらえるのではなくて固有の論理を明るみに出すことという違いはありますが、同じように大和文化なり常民を基準にする思考方式を打ち破らなければ前進できないという点で共通の課題をもっています。これが第二の問題点です。

第三は、経済なり生活の差異にもとづいた差別の打破です。国民所得論的発想でもって文化や生活の程度を測りながら優劣を決める思考方法で見ます時、奄美や被差別部落は劣等なものとして位置づけられるでしょうが、果たしてそれでよろしいのか考えてみる必要があります。奄美や被差別部落の経済的発展の自生力なり、固有の論理をここでも摑み出すことが大事です。

このように論点をまとめてきますと、島差別と被差別部落への差別は、同じ根、同じ思考方法から出てきているように思います。それはすでに「支配者のケガレ観と地域観」のところでも話しましたように、境界領域の奄美の文化や生活を「野蛮」なものとして己の立場を優位に置く「大和人」の発想と、「業」としてのケガレをもった集団として被差別部落民を忌み嫌う支配者や常民の感情と、底で共通しているものです。従来、琉球・奄美の人たちも、被差別部落の人たちも、差別を受けた時にそれぞれの集団なり共同体の結束を固めることで反撃してきたと思いますが、現在では単なる共同体的団結のみでなく、それぞれの置かれた立場を比較しながら冷静に相対化していくことが必要となってきていると思います。「人権」を基本にしてとらえていくということにもなるかと思います。

差別との闘いはいろいろと多方面にわたりますが、それはまたそれぞれの人間としての自己確認の闘いでもありましょう。自分の内なる差別との闘いは、島差別や被差別部落への差別をした加害者にも、それから被害者にもまた必要なことだと私は考えます。

最後のところは話がやや抽象的になりましたが、私の現在考えているところを率直に述べさせていただきました。同和教育を真剣に考えて取り組んでいらっしゃる皆さん方に、私の話が「釈迦に説法」であることは私も充分に心得ていますが、結局、差別との闘いは自己改造の闘いでもあると考えています。その点で皆さん方のご活躍を楽しみにしています。

〔本稿は、一九八九年七月七日、全国同和教育研究協議会の全体会〔名瀬市〕で報告したもので、話し言葉のままで採録した〕

参考文献

▼総　説

総理府「全国同和地区調査結果表」（『同和対策の現況』一九七七年版）

中村久子「佐賀の籠守助左衛門のこと」（松下志朗編『近世九州被差別部落の成立と展開』明石書店、一九八九年）

姫野順一「天領長崎における非人制度の確立と展開」（『論集　長崎の部落史』長崎部落史研究所、一九九二年）

小寺鉄之助編『近世御仕置集成』宮崎県史料編纂会、一九六二年

『高鍋藩続本藩実録』宮崎県立図書館、一九七七年

松下志朗『九州被差別部落史研究』明石書店、一九八五年

中村正夫「対馬藩の皮革生産について」（『ながさき部落解放研究』第二四号、一九九二年）

松下志朗「嘉永三年殴殺事件覚書」（『部落解放史・ふくおか』第三三号、一九八五年）

「延岡藩における被差別民衆の世界」（『部落解放史・ふくおか』第六二号、一九九一年）

松下志朗編『近世九州被差別部落の成立と展開』明石書店、一九八九年

▼第一編

第一章

『筥崎宮史料』筥崎宮、一九七〇年

黒田日出男「中世民衆の皮膚感覚と恐怖」（『歴史学研究』一九八二年度大会報告）

「高良玉垂宮神秘書」（『高良玉垂宮神秘書　同紙背』）

洞桂之輔「中世筑後における座」（『福岡地方史談話会会報』第一七号、一九七七年）

川添昭二「筑前芦屋の時宗・金台寺過去帳につい

て」(『九州中世史の研究』吉川弘文館、一九八三年)
能美安男「金台寺古伝過去帳」(『記録』第一九号)
『福岡県史資料』第八輯、福岡県、一九三七年
『福岡県史 近世史料編 福岡藩初期(上)』福岡県、一九八二年
松下志朗『幕藩制社会と石高制』塙書房、一九八四年
『筑前国革座記録』上巻、福岡部落史研究会、一九八一年
『黒田三藩分限帳』福岡地方史研究会、一九七八年
東京大学史料編纂所編『大日本古記録 上井覚兼日記』全三冊、岩波書店、一九五四—五七年
『新訂黒田家譜』第一巻、文献出版、一九八二年
『博多津要録』第一巻、西日本文化協会、一九七五年

第二章

三好伊平次『同和問題の歴史的研究』世界文庫、一九四三年
瀬戸山世志人「鹿児島における被差別部落史——『郷土史誌』にあらわれた被差別部落」(『部落解放史・ふくおか』第一九号、一九八〇年)
鹿児島県維新史料編さん所編『鹿児島県史料 旧記雑録 前編』一—二、一九七九—八〇年
鹿児島県維新史料編さん所編『鹿児島県史料 旧記雑録 後編』全六巻、一九八一—八六年
『日向古文書集成』宮崎県、一九三八年
『鹿児島県史』第一—二巻、一九三九—四〇年
横田冬彦「賤視された職人集団」(『日本の社会史』第六巻、岩波書店、一九八八年)
『日本林制史調査資料』鹿児島藩、手稿本
『薩隅日地理纂考』鹿児島県教育会編、一八九八年
「建久図田帳」(『改訂史籍集覧』第二七冊)
『薩摩国 新田神社文書』(『鹿児島県史料集』第三集)

五味克夫「薩摩の御家人について」(『鹿大史学』第六号、一九五八年)
川添昭二『注解 元寇防塁編年史料』福岡市教育委員会、一九七一年
『庄内地理志』(『都城市史 史料編 近世一―三』、二〇〇一―〇三年)

第三章

『部落問題・人権事典』解放出版社、一九八六年
永原慶二『室町戦国の社会』吉川弘文館、一九九二年
「筥崎大宮司分坪付帳」(前掲『筥崎宮史料』)
国史大辞典編集委員会編『国史大辞典』12巻、吉川弘文館、一九九一年
松下志朗「ケガレと部落差別」(『部落解放史・ふくおか』第七五・七六号、一九九四年)

第四章

丹生谷哲一「中世における他者認識の構造――非人の問題を中心に」(『歴史学研究』第五九四号、岩波書店、一九八八年)
『十六・七世紀 イエズス会日本報告集』第一期第一巻―第三期第七巻、同朋社、一九八七―九四年
『日本報告』一五四七年(岸野久『西欧人の日本発見』吉川弘文館、一九八九年)
水上勉『一休文芸私抄』朝日出版社、一九八七年
「六ケ条謗法事」(『宮崎県史 中世編二』、一九九〇年)
丹生谷哲一『検非違使』平凡社、一九八六年
『編年差別史資料集成』三一書房、一九八三―九五年
「弘前藩日記」(『黒石地方誌』)
「(仮)生田神社祭礼に付争論」(『兵庫県同和教育関係史料集』第一巻)
「京都蓮華王院制札」(『近世法制史料叢書』創文社、一九七三年)
「筑前鎮守 岡郡宗社志」(『福岡県史 近世史料編 年代記(一)』、一九九〇年)
「板倉家御歴代略記」(『福島市史 資料叢書』第

二九輯）
『藩法集』二・鳥取藩、創文社
「非人払の穢多」（『藩法集一　岡山藩上』創文社）
『加賀藩史料』第四編
＊以上「弘前藩日記」より『加賀藩史料』まで八点は、『編年差別史資料集成』（三一書房）所収

▼第二編

第一章

小松郁夫「［附論］城下町延岡とその周辺」（明治大学内藤家文書研究会編『譜代藩の研究――譜代内藤藩の藩政と藩領』八木書店、一九七二年）
渡辺隆喜「幕末期延岡藩の財政改革と通貨政策」（同前）
喜田貞吉『日向国史』下巻、一九三〇年
石川恒太郎『延岡市史』一九四九年
「万覚書」（『大分県史　近世編Ⅳ』一九九〇年）

第二章

『宮崎県史料　第一巻　高鍋藩　本藩実録』宮崎県立図書館、一九七五年
『宮崎県史料　第二巻　高鍋藩　拾遺本藩実録』宮崎県立図書館、一九七六年
『宮崎県史料　第三巻　高鍋藩　続本藩実録』宮崎県立図書館、上巻・一九七七年、下巻・一九七八年

第三章

秋定嘉和「明治初期の『賤民』統計表について」（『部落解放研究』第二号、一九七四年）
「飫肥藩旧記」（前掲『近世御仕置集成』）

第四章

桑原節次『佐土原藩史稿本』手稿本
喜田貞吉『特殊部落研究号』世界文庫、一九一九年（一九六八年再刊）
『宮崎県史料　第七巻　佐土原藩嶋津家日記㈠－㈣』宮崎県立図書館、一九八一年

第五章

『鹿児島県史料　旧記雑録』追録一－二

「島津家列朝制度」(藩法研究会編『藩法集八　鹿児島藩』創文社、一九六九年)

第六章

『筑前国革座記録』上・中・下巻、福岡部落史研究会、一九八四年
『松原革会所文書』第一・二巻、福岡部落史研究会、一九九一年
『福岡の部落解放史』上巻、福岡部落史研究会、一九八九年
のび・しょうじ「福岡藩柴藤革座の鳥瞰構造」(『部落解放史・ふくおか』第六〇・六二号、一九九〇・九一年)

▼第三編

第一章

服部英雄『景観にさぐる中世』新人物往来社、一九九五年
高柳真三・石井良助編『御触書寛保集成』岩波書店、一九三四－三七年
「常蔭秘鑑元」(『御定書』上巻)
三好昭一郎「近世讃岐部落史の研究」/福岡実一「伊予における近世部落の形成過程」(『四国近世被差別部落史研究』明石書店、一九八二年)
神田由築「近世芸能興行の〈場〉の形成と展開」(『身分的周縁』部落問題研究所、一九九四年)
上村雅洋『近世日本海運史の研究』吉川弘文館、一九九四年
『中津藩　歴史と風土』第一輯、一九八二年
薗田和哉「内藤家文書万覚書」(『部落解放史・宮崎』第三号、一九九〇年)
『執睨録』別府大学付属博物館、一九八五年
佐藤正精「豊後森藩(久留島)御記録書抜にみる差別事象」(『おおいた部落解放史』第五号、一九八七年)
久米忠臣編『杵築藩町奉行所日記』中巻、杵築郷土史研究会、一九七六年
松下志朗「革細工渡り職人にみる自立と連帯」(前掲『九州被差別部落史研究』)

松下志朗「延岡藩における被差別民衆の世界」（『部落解放史・ふくおか』第六二号、一九九一年）

第二章

『古野清人著作集』三一書房、一九七三年
永井彰子『日韓盲僧の社会史』葦書房、二〇〇二年
末永和孝『日向国における盲僧の成立と変遷』鉱脈社、二〇〇三年

第三章

古河古松軒『西遊雑記』（『日本庶民生活史料集成』二、未来社、一九六九年）
笹森儀助『南島探険』（『日本庶民生活史料集成』一、未来社、一九六九年）
松下志朗『近世奄美の支配と社会』第一書房、一九八三年
池宮正治『沖縄の遊行芸』ひるぎ社、一九九〇年
森山沾一「被差別部落と沖縄」（小林文人・平良研一編『民衆と社会教育』エイデル研究所、一九八八年）
ベイジル・ホール『朝鮮・琉球航海記』岩波文庫、一九八六年

あとがき

体調を崩して、二〇〇三年三月、私は福岡大学を退職した。その七年間、大学にやっと慣れてきたと思った矢先の病気だったが、また定年退職まであと一年を余すだけのことでもあった。よく考えてみれば、小学校以来、私の人生は「卒業式」に出席しないままで終了するという中途半端なものであったと言えなくもない。そのような私が、これまた論文らしきものをまとめて一冊にする。

資源の浪費かとも思えるが、私の人生そのものが一つの浪費であったかもしれない。しかし「貧乏人根性」で、まとめられるうちに自分の人生に形をつけておきたいという欲望に結局は勝てなかった。

本書に収めた論考の初出場所は左に記すとおりであるが、中には見出しを含めて若干手を加えたところもある。本書に収めるに際しては、重複の箇所も気づいた限りで修正を加えたが、あるいは見過ごしているところがあるかもしれない。

「筑前における被差別民衆の諸相」（『福岡県地域史研究』第一二号、一九九三年）
「南九州の慶賀とその周辺」（『近世九州被差別部落の成立と展開』一九八九年）
「前近代社会における『触穢』について」（『部落解放史・ふくおか』第一〇六号、二〇〇二年）
「中世との連続と非連続の問題をめぐって」（『部落解放研究』第七六号、一九九〇年）
「九州部落史の万華鏡」（『部落解放』第三五七号、一九九三年）
「経済史データベースによる藩専売制度の構造分析」（『経済データベースと経済データ・モデルの分析』一九九二年）
「日向国各藩の身分制度」（『宮崎県史　通史編　近世上・下』、二〇〇〇年）
「近世社会における民衆の放浪」（『部落解放史・ふくおか』第七九号、一九九五年）
「盲僧と部落民の世界」（『部落の生活史』一九八八年）
「鹿児島藩における島差別と部落差別」（『同和教育』11、一九八九年）

私が若い時に部落史研究を強く慫慂された秀村選三先生は八〇歳を超されたが、依然矍鑠として活躍されていることは、心強い限りである。よく考えれば、直接に秀村先生の教えを受けて部落史研究を未だ続けている者は数少なくなった。近頃私も、部落史研究会や研究交流集会などの会合からすっかり足が遠のいてしまっている。

本書は、そのような体力・気力の衰えを無様にさらけ出すことに終わっているかもしれないが、一つの一里塚としてお読みいただければ、私の幸せこれに過ぎるものはない。

なお本書の刊行に際して、丹念な割付と校正で御配慮くださった別府大悟・宇野道子の両氏に心から感謝申し上げる。また、大前氏の史実については五味克夫先生に、ゲラ刷に目通しされた竹森健二郎氏に、貴重な御助言を頂いた。併せて謝意を表する。

二〇〇四年二月二〇日

松下志朗

索　引

▶さ行

▶た行

▶な行

▶は行

▶ま行

▶や行

松下志朗（まつした・しろう）

1933年　鹿児島県に生まれる
1958年　鹿児島大学文理学部卒業。県立高等学校教諭を経て
1967年　九州大学大学院文学研究科中退。福岡大学人文学部助教授を経て
1971年　九州大学経済学部助教授
1986年　九州大学経済学部教授
1996年　福岡大学商学部教授
2003年　同上退職

【主な著書】

1983年　『近世奄美の支配と社会』（第一書房）
1984年　『幕藩制社会と石高制』（塙書房）
1985年　『九州被差別部落史研究』（明石書店）
1994年　『カリフォルニア日系知識人の光と影』（明石書店）
1996年　『石高制と九州の藩財政』（九州大学出版会）
2002年　『鹿児島の湊と薩南諸島』（共編，吉川弘文館）
2003年　『遠い雲 ── ある地域史研究者の足跡』（海鳥社）

近世《きんせい》九州《きゅうしゅう》の差別《さべつ》と周縁《しゅうえん》民衆《みんしゅう》

■

2004年4月15日　第1刷発行

■

著者　松下志朗
発行者　西　俊明
発行所　有限会社海鳥社
〒810-0074 福岡市中央区大手門3丁目6番13号
電話 092(771)0132　FAX 092(771)2546
http://www.kaichosha-f.co.jp
印刷　有限会社九州コンピュータ印刷
製本　日宝綜合製本株式会社
ISBN 4-87415-473-5
[定価は表紙カバーに表示]